现代家庭教育理论与实践发展研究

李海云 / 著

九州出版社
JIUZHOUPRESS

图书在版编目（CIP）数据

现代家庭教育理论与实践发展研究 / 李海云著 .

北京 : 九州出版社 , 2024. 6. -- ISBN 978-7-5225

-3037-6

Ⅰ . ① G78

中国国家版本馆 CIP 数据核字第 2024M9T569 号

现代家庭教育理论与实践发展研究

作　　者	李海云　著
责任编辑	周红斌
出版发行	九州出版社
地　　址	北京市西城区阜外大街甲 35 号（100037）
发行电话	（010）68992190/3/5/6
网　　址	www.jiuzhoupress.com
印　　刷	北京亚吉飞数码科技有限公司
开　　本	710 毫米 ×1000 毫米　16 开
印　　张	12.5
字　　数	210 千字
版　　次	2025 年 1 月第 1 版
印　　次	2025 年 1 月第 1 次印刷
书　　号	ISBN 978-7-5225-3037-6
定　　价	85.00 元

前　言

随着社会的不断进步和科技的迅速发展，人们对于家庭教育的重视程度越来越高。家庭教育作为培养下一代的摇篮，不仅关乎孩子的身体健康和知识技能的学习，更关乎孩子品格、价值观和行为习惯的塑造。在一个日新月异、竞争激烈的社会环境中，家庭教育的重要性愈发凸显。

家庭教育的质量和效果，直接影响到孩子的成长和发展。一个良好的家庭教育环境可以为孩子提供温暖的关爱、正确的引导和有益的支持，促使孩子健康成长，而家庭教育不足或不当，可能会导致孩子出现性格缺陷、行为问题以及未来发展受限等后果。因此，对现代家庭教育理论与实践发展进行深入研究，具有重要的现实意义和深远的历史意义。这不仅可以帮助我们更好地理解家庭教育的本质和规律，提高家庭教育的质量和效果，为家庭教育的实践提供有益的启示；同时也有助于完善和发展家庭教育理论，为广大家长和教育工作者提供科学、专业的指导，推动家庭教育的科学化、专业化发展。在这个过程中，我们需要关注家庭教育的多元化需求，尊重每个家庭和孩子的独特性，采取有针对性的教育方法和策略。同时，我们也需要不断更新家庭教育观念，跟上时代发展的步伐，以适应社会发展的新要求和挑战。通过深入研究和探索现代家庭教育理论与实践的发展，我们可以为孩子创造一个更加和谐、健康的成长环境，帮助他们成长为有品格、有能力的优秀人才，为社会的繁荣和发展做出贡献。

本书共包括六章内容：第一章是现代家庭教育概述，分别对现代家庭教育的内涵、性质与功能以及影响因素进行了阐述；第二章论述了家庭教育的发展及经验借鉴；第三章对现代家庭教育的基本理念进行了研究；第四章对家庭教育的方法与艺术进行了探讨；第五章对不同人生阶段的家庭教育和特殊群体的家庭教育进行了研究；第六章从学习型家庭的构建、家校社协同育人、家庭教育指导师培养等方面探索家庭教育新范式。本书旨在探究家庭教育的相关理论及其在不同层面上的产生、发展和实践，以期能够帮助家长、教育工作者和决策者构建全面发展的家庭教育环境，推动我国家庭教育的发展。

　　本书在撰写的过程中，参考了许多家庭教育方面的相关著作，在此表示诚挚的谢意！由于时间仓促，作者水平有限，不足之处在所难免，恳请广大读者多提宝贵意见，以使本书不断完善。

目　录

第一章

现代家庭教育概述

　　家庭教育是人类社会发展的重要组成部分，不仅影响着个体的成长和发展，还对整个社会的进步和稳定产生深远的影响。随着社会的不断发展和进步，家庭教育的重要性日益凸显。现代家庭教育不仅需要关注孩子的知识教育，更需要注重孩子的品德教育、情感教育和心理健康教育。因此，对现代家庭教育进行全面、深入的探讨和研究，对于促进孩子的健康成长、推动社会的和谐发展具有重要意义。

第一节 现代家庭教育的内涵

一、家庭教育的概念

关于家庭教育的概念,有广义和狭义之分。

广义的家庭教育是指家庭成员之间的相互影响和教育,包括家庭环境、氛围和父母言行等方面对孩子的潜移默化的熏陶和影响。这种教育方式强调家庭成员之间的互动和交流,以及家庭环境对孩子成长的影响。

狭义的家庭教育是指在家庭环境中进行的教育活动,包括父母或其他监护人对孩子进行的生活技能、知识技能、道德品质、情感认知等方面的教育和影响。这种教育不同于学校教育和社会教育,它具有其独特的性质和特点,如亲情、信任、潜移默化等。

本书中的家庭教育主要是从狭义方面来阐述的。

二、现代家庭教育的特点

(一)家庭教育和学校教育的区别

家庭教育和学校教育的区别主要表现在以下几方面(图 1-1)。

1. 实施教育的环境不同

学校是专门从事教育工作的机构,是专门培养人才的场所,而家庭是一个具有多种职能的组织,孩子在家庭中可以受到多方面的熏陶,学到各方面的知识和技能,并增强适应社会生活的能力。所以说,学校教育和家庭教育在实施环境上存在明显的差异。

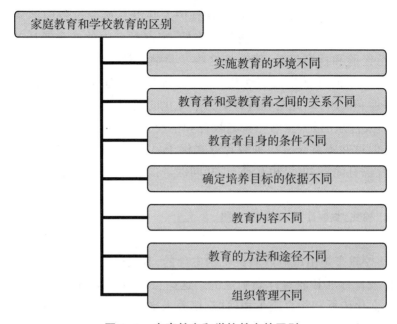

图 1-1   家庭教育和学校教育的区别

2.教育者和受教育者之间的关系不同

在家庭教育中,教育者通常是孩子的父母或监护人,他们与孩子之间存在着亲密的亲子关系。这种关系是基于情感、信任和互动的,家长通常会根据孩子的个性、兴趣和需求进行个性化教育,更加注重孩子的情感和心理健康。

而学校教育者是教师,他们与孩子之间是一种更为正式的教育关系。教师根据课程大纲和教学计划进行统一的教育,更注重孩子的认知和技能发展。

3.教育者自身的条件不同

学校教师通常是职业教育者,经过了系统的教育培养和培训,具备专业的教育知识和技能,对教育理论和实践有深入的了解,根据课程大纲和教学计划以及孩子的学习能力进行有针对性的教学。此外,教师还需要通过教育行政部门的考核和认证,具备一定的教育资质。

相比之下,家庭教育的父母或监护人并没有接受过专门的系统训练,没有专业的教育知识和技能。当然,家庭教育中的教育者具备丰富的生活经验和社会经验,能够将这些经验融入教育中。此外,由于家庭教育与孩子的日常生活密切相关,父母或监护人通常更了解孩子的个性、兴趣和需求,因此能够进行更为个性化的教育。

需要注意的是,虽然在家庭教育和学校教育中教育者自身条件存在差异,但这并不意味着一种教育方式优于另一种。相反,家庭教育和学校教育各有优势,可以相互补充,共同促进孩子的全面发展。

4. 确定培养目标的依据不同

学校教育是由政府或教育机构主导的,其培养目标是根据国家教育政策、教育标准和教育计划确定的。这些目标与国家的发展需要、社会需求、文化传承和教育改革相适应,培养未来社会所需的人才。

家庭教育则更注重个体差异和家庭背景,培养目标通常是基于家长的价值观、孩子的兴趣和能力以及家庭的需求来确定的。家长会根据孩子的特点、潜力和需求制定适合孩子的教育计划和培养目标,帮助孩子实现自我价值和追求幸福人生。

5. 教育内容不同

学校教育是根据国家的教育目的和课程计划安排的,有统一的标准。学校教育的内容通常包括科学知识、文化素养、道德教育、体育和艺术等,旨在全面培养和发展学生的知识、能力和素质。

家庭教育更注重孩子的个性化、生活化和情感教育。父母或家庭成员会根据孩子的兴趣、需求和个性特点选择适合的教育内容,如生活技能、自我保护意识、情感交流、道德规范等。家庭教育的内容通常与孩子的日常生活和实际需求密切相关,更注重培养孩子的独立性、自主性和良好的行为习惯。

6.教育的方法和途径不同

学校教育是一种集中的、系统化的教育方式,以课堂授课的形式进行。教师作为知识的传授者和指导者,通过讲解、演示、练习等方式,将知识、技能和思想传达给学生。此外,学校还会通过课外活动、实践操作等方式,培养学生的实践能力和创新精神。

家庭教育更注重个别化、生活化的教育方式。父母或家庭成员通过日常生活中的细节、互动和交流,对孩子进行潜移默化的教育。此外,家庭教育更加侧重实践性和生活化。家长通过日常生活中的实例、示范和实践,让孩子学习和掌握生活技能和道德规范。这种教育方式更注重孩子的实际需求和体验,帮助孩子更好地适应生活和社会。

7.组织管理不同

学校教育是一种有组织、有计划的教育机构,具有一套完整的组织管理体系。学校组织管理体系通常有校长、教导主任、年级组长等管理人员,制定有各种规章制度和教学计划,对孩子的学习和生活进行全面管理和指导。

家庭教育更注重个体的自由发展和自我管理。家长会根据孩子的需求和兴趣,制定个性化的教育计划和管理方式,尊重孩子的个性和意愿,培养孩子的自我管理和自我学习能力。

(二)家庭教育的优势

概括来说,家庭教育的优势主要包括以下几个方面(图1-2)。

1.广泛性

家庭教育具有广泛的群众性,不受地域、经济、文化等因素的限制。每个家庭都进行家庭教育,每个孩子都有机会接受家庭教育。这种广泛性使得家庭教育成为一种普遍的教育形式,对于孩子的成长和发展具有重要意义。

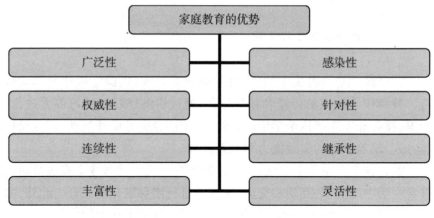

图 1-2　家庭教育的优势

2. 感染性

家长与孩子之间的血缘关系和亲情感知使得家庭教育具有强烈的感染性。家长的一言一行都可能对孩子产生深远的影响。家长对孩子的关爱、耐心和鼓励可以激发孩子的积极性和自信心；而家长的冷漠、严厉和批评则可能让孩子感到沮丧和无助。因此，在教育孩子时家长应该注重情感交流，以身作则，用自己的言行影响孩子。

3. 权威性

在孩子眼中，家长通常具有特殊的权威性，孩子会更加信任和接受家长的教育。这种权威性使得家庭教育在孩子成长过程中具有不可替代的作用。家长可以利用这种权威性对孩子进行正确的引导和教育，帮助孩子树立正确的价值观和行为习惯。

4. 针对性

家庭教育可以针对孩子的个性化需求和特点进行教育，帮助孩子更好地发展。每个孩子都有不同的兴趣、天赋和需求，家庭教育可以根据孩子的具体情况进行有针对性的教育。对于喜欢音乐的孩子，家长可以提供音乐方面的教育和培训；对于喜欢运动的孩子，家长可以鼓励孩子参加体育活动。这种针对性的教育可以帮助孩子更好地发挥自己的潜力，实现自己的价值。

5.连续性

家庭教育的过程是连续的，从孩子出生到成长，家庭教育始终贯穿其中。这种连续性使得家庭教育具有稳定性和长期性，可以让孩子在成长过程中始终得到正确的引导和教育。同时，连续性的家庭教育也有助于培养孩子的自律性和自主性，让孩子学会自我管理和自我约束。

6.继承性

家庭教育不仅是对孩子的教育和引导，也是对家庭传统的继承和发展。每个家庭都有自己的传统和文化，这些传统和文化对孩子的成长和发展有重要影响。在家庭教育中，家长可以传承和发扬自己的家庭传统和文化，让孩子了解和认同自己的家庭背景和文化特色。同时，家庭教育也可以吸收和借鉴其他家庭的传统和文化，丰富自己的教育内容和形式。

7.丰富性

家庭教育涵盖了孩子的各个方面，包括知识、技能、品德、行为等，内容十分丰富。在知识方面，家庭教育可以帮助孩子学习各种学科知识；在技能方面，家庭教育可以培养孩子的各种技能和能力；在品德方面，家庭教育可以帮助孩子树立正确的道德观念和价值观；在行为方面，家庭教育可以培养孩子的良好行为习惯和礼仪规范。这种丰富性的教育有助于孩子的全面发展。

8.灵活性

家庭教育的方法非常灵活，家长可以根据孩子的特点和需求灵活运用各种教育方法。家长可以通过口头教育、榜样示范、实践操作等方式对孩子进行教育；也可以通过与孩子共同学习、探索和实践的方式培养孩子的思维和认知能力；还可以通过与孩子交流、倾听和理解的方式建立良好的亲子关系。这种灵活性的教育方法有助于提高孩子的兴趣和积极性，促进孩子的全面发展。

（三）家庭教育的局限性

虽然家庭教育具有很多优势，但也存在一些局限性。以下是家庭教育的几个主要局限性（图 1-3）。

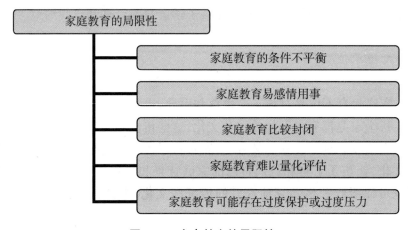

图 1-3　家庭教育的局限性

1. 家庭教育的条件不平衡

不同家庭之间的教育条件存在很大的差异，包括经济、文化、教育背景等方面。有些家庭可能无法提供良好的教育资源和学习环境，影响孩子的成长和发展。此外，一些家长可能缺乏教育知识和经验，无法进行良好的家庭教育，甚至会对孩子的成长产生负面影响。

2. 家庭教育易感情用事

由于家长和孩子之间存在血缘关系和亲情，家庭教育容易受到感情因素的影响。一些家长在教育孩子时会过于情绪化或主观化，导致教育的不公正和不客观；一些家长会过度溺爱或过度严厉地对待孩子，也会对孩子的成长产生不良影响。

3. 家庭教育比较封闭

家庭教育通常是在家庭内部进行的,相对比较封闭。这种封闭性可能导致孩子缺乏社交经验和交往能力,无法适应社会的多样性和复杂性。此外,家庭教育也可能缺乏多元化的教育资源和教育形式,无法满足孩子的多样化需求和发展潜力。

4. 家庭教育难以量化评估

家庭教育是一种非正式的教育形式,没有统一的标准和评估体系,教育质量和效果难以量化评估。不同家庭之间教育方式和教育内容也存在差异,难以进行统一的比较和评估,教育质量和效果存在一定的不确定性和主观性。

5. 家庭教育可能存在过度保护或过度压力

因为家庭中家长和孩子的亲情关系,孩子小时候对家长的依赖,以及家长将家庭未来寄希望于孩子的心理等方面原因,一些家长因担心孩子受伤害或者对孩子期望过高等,在家庭教育过程中出现对孩子过度保护和给孩子过度压力的情况。

有些家长过度保护孩子,限制孩子的自由和探索,导致孩子缺乏独立性和自主性;另一些家长对孩子施加过度的压力和期望,导致孩子产生焦虑、抑郁等心理问题,对孩子的身心健康产生负面影响。

三、家庭教育应注意的问题

(一)引导孩子德、智、体全面发展,促进其身心健康

一些家长虽然为孩子创造了充裕的物质生活条件,也有较高的期望目标和明确要求,但缺乏充足的家庭教育时间和切实的教育措施,教育

方式方法也不科学,导致教育效果不佳。很多孩子学习成绩优异,但要么身体素质不好,要么心理不健康,或者不会享受生活等。

因此,家长需要转变教育观念,注重全面发展,提高教育质量。也就是说,家长应该注重孩子的身心健康、品德培养和智力发展等方面,以科学的家庭教育方式和措施促进孩子的全面发展。只有这样,才能为我国现代化建设培养出更多具有高度创造精神和适应能力的优秀人才。

(二)重视孩子个性和自主性的培养

中国家庭是基于血缘、经济和人身依附关系的紧密组织。由于这些关系的存在,家庭结构稳固,并形成了一种传统社会心理,即在许多家庭父母的意志占据主导地位,孩子的个性和自主精神常常被忽视。这种主导关系导致孩子的个性和意愿得不到应有的尊重,他们的自主精神也被压制。许多家长对孩子的身心发展特点及规律缺乏深入的了解,也导致了新的问题出现。一些家长过早地为孩子规划未来,过分追求高分和进入重点学校,忽略了孩子的兴趣和特长。当孩子长大选择职业时,家长只看重待遇和稳定,而不是孩子的兴趣和才能。这些做法不仅限制了孩子的自由发展,也增加了他们的压力和焦虑。

为了解决这些问题,家长要转变教育观念。首先,家长应该尊重孩子的个性和自主精神,了解孩子的身心特点和发展规律,避免过早定向培养和过分追求高分等现象;其次,家长应该注重培养孩子的自主能力和生活自理能力,让孩子适当地参与家务劳动和社会实践等活动,提高其生活自理能力;最后,家长应该注重培养孩子的社会化意识与行为相统一的能力,让孩子了解社会规范和道德标准,培养其良好的社会行为习惯和道德品质。

(三)开阔视野,帮助孩子增强全球意识

在家庭教育中,培养孩子全球意识需要家长的积极引导和帮助。家长可以通过提供多元化的教育资源、鼓励孩子参加国际交流活动、培养孩子的跨文化沟通能力、关注全球问题以及培养批判性思维等方式帮助孩子增进全球意识。

1. 提供多元化的教育资源

家长可以引导孩子接触不同文化、不同国家的书籍、电影、音乐等，让他们了解世界的多样性。同时，也可以鼓励孩子学习外语，帮助他们更好地理解和融入全球化的社会。

2. 鼓励孩子参加国际交流活动

家长可以鼓励孩子参加国际交流活动，如国际夏令营、文化交流活动等，让他们与来自不同国家的人交流，了解不同的文化和生活方式。

3. 培养孩子的跨文化沟通能力

家长可以引导孩子学习跨文化沟通技巧，如尊重他人、倾听他人、表达自己的观点等，有助于孩子在未来的生活和工作中更好地与来自不同文化背景的人交流。

4. 鼓励孩子关注全球问题

家长可以引导孩子关注全球问题，如环境保护、气候变化、贫困问题等，有助于培养孩子的全球意识和责任感，帮助他们形成全球化意识并在未来能为解决全球共性问题做出自己的贡献。

5. 培养孩子的批判性思维

家长可以引导孩子学会批判性思维，即对问题进行深入思考和分析，不盲目接受他人的观点，有助于孩子面对全球问题时能够独立思考并做出明智的决策。

（四）家庭教育是培养现代化建设人才的基础

随着社会的不断发展和进步，现代化建设对人才的要求也越来高。家庭教育作为孩子成长过程中不可或缺的一部分,在培养现代化建设人才方面发挥着重要作用。因此,家长应该充分认识到家庭教育的重要性,采取科学的教育方法和理念,全面培养孩子的各项能力和素质。

第一,家庭教育有助于培养孩子的价值观和道德观念。家长应该通过自己的言行和家庭氛围,向孩子传递正确的价值观和道德观念,如,诚实守信、尊重他人、热爱祖国等。这些观念将深深烙印在孩子的心中,成为他们未来成长和发展的基石。

第二,家庭教育是孩子获取基础知识和技能的重要途径。家长可以根据孩子的兴趣和特点,提供丰富的学习资源和指导,帮助孩子掌握基础知识,培养自主学习和思考的能力。这将为孩子未来的学习和职业发展打下坚实的基础。

第三,家庭教育还能培养孩子的心理素质和社会适应能力。家长应该关注孩子的心理健康,通过与孩子的交流和情感支持,帮助孩子建立自信、积极的心态。同时,家庭教育也教导孩子如何与人交往、沟通,培养其社会适应能力,使他们更好地融入社会。

第四,家庭教育也可以激发孩子的创新精神和批判性思维。家长可以鼓励孩子尝试新事物、探索未知领域,培养其好奇心和创造力。同时,通过引导孩子分析问题、思考多种解决方案,也可以培养其批判性思维和解决问题的能力。这些能力在现代社会中尤为重要。

第五,家庭教育还强调家国情怀和社会责任感的培养。家长可以引导孩子关注社会问题、了解国家大事,培养其社会责任感和爱国情怀。这将使孩子成为有担当、有情怀的现代化建设人才,为国家和民族的繁荣发展做出贡献。

（五）家庭教育对提高民族素质及社会文明程度影响深远

首先,家庭教育是塑造个体人格和行为习惯的重要环节。家庭是孩子成长的第一个课堂,家长是孩子的第一任老师。在家庭教育中,家长通过言传身教、情感交流等方式,引导孩子形成正确的价值观、道德观念和行为习惯。这些观念和习惯不仅影响着孩子的个人成长,也影响着整个民族的素质。

其次,家庭教育对培养社会责任感和公民意识具有重要作用。家庭是社会的基本单位,家庭成员的行为和态度直接影响到社会的和谐与稳定。通过家庭教育,孩子可以学会尊重他人、关心社会、遵守公共秩序等基本的社会规范,从而成为有道德、有文化、有能力的公民。这样的公民在社会中能够发挥积极的作用,推动社会的文明进步。

最后,家庭教育也对提高民族凝聚力和认同感具有重要意义。在家庭教育中,家长通过传授本民族的文化、历史、传统等知识,使孩子对本民族产生认同感和自豪感。这种认同感和自豪感能够增强民族的凝聚力和向心力,推动民族的发展和进步。

因此,我们应该高度重视家庭教育的作用,通过加强家庭教育指导、提高家长教育素质等方式,为孩子创造良好的成长环境,培养他们成为有道德、有文化、有能力的公民,为提高民族素质和社会文明程度作出贡献。

四、家庭教育的育人效应

(一)育 德

家庭教育在育德方面发挥了重要的作用,主要表现在以下几方面。

第一,家长在家庭生活中注重身教,通过自己的行为示范,让孩子在耳濡目染中学会正确的行为规范。这种无声无形的教育方式,让孩子在自然、真实的环境中感受道德的力量,从而更容易形成良好的行为习惯和道德品质。

第二,家长与孩子之间存在血缘关系和依赖关系,家长的教育孩子更容易信任和接受。家长在孩子心目中具有权威性,孩子更容易接受家长的批评从而改正自己的错误。

第三,家庭环境对孩子的品德发展也有重要影响。家庭结构、家庭氛围、家长职业和文化程度等都会影响孩子的道德观念和行为习惯。核心家庭和主干家庭的结构会对孩子的社交能力和情感发展产生影响;家长的情感是否协调会对孩子的道德情感产生影响;家长的职业和文化程度则会影响家庭的生活方式和文化氛围,从而影响孩子的品德发展。

第四,家长的教养方式也是影响孩子品德发展的重要因素。家长对孩子的教养方式可以分为民主型、专制型和放任型三种。民主型的教养方式更有利于孩子形成积极的个性品质,如,自尊、自信、独立等;专制型的教养方式容易导致孩子产生消极的个性品质,如,自卑、依赖等;放任型的教养方式则容易导致孩子缺乏责任感和自律性。

(二)启　智

早期家庭教育对儿童的才智发展具有重要影响,这一点已经被无数事例所证明。家庭是孩子成长的第一个课堂,父母是孩子的第一任老师。在家庭教育中,父母通过科学的教育方法和刺激能够促进孩子的心智健康发展。德国 19 世纪的天才卡尔·威特就是一个很好的例子。卡尔·威特出生时被认为智力低下,但他的父亲凭借科学育人理念,悉心教育,最终启迪了卡尔·威特的智慧,使其成为世界闻名的卓越人才。这个例子充分说明了早期家庭教育对儿童聪明才智发展的重要性。

同样,我国历史上的民族英雄林则徐,也是在父亲良好的早期家庭教育中成长起来的。林则徐的父亲从小就注重培养他的品德和意志,通过言传身教和严格的教育,使林则徐成为一个具有高尚品德和坚强意志的人。

家庭教育的启智效应与育德效应是相辅相成的。只有具备超常之才和坚韧不拔之志的人才能成就大事业。因此,良好的家庭教育必须产生强有力的启智效应,同时也要注重培养孩子的品德和意志。

(三)健　体

健体,作为家庭教育的育人效应之一,强调的是通过家庭教育和家庭生活实践促进孩子身体健康和心理健全的发展。

在家庭教育中,家长应该注重孩子的身体健康,提供营养均衡的饮食、充足的睡眠和适当的运动,帮助孩子养成健康的生活方式。同时,家长也应该引导孩子参与家务劳动和户外活动,提高孩子的自理能力和动手能力,增强身体素质。

除了身体健康,家庭教育还应该关注孩子的心理健康。家长应该营造和谐的家庭氛围,关注孩子的情感需求,培养孩子的积极心态和乐观精神。同时,家长还应该引导孩子正确面对挫折和困难,培养孩子的自信心和抗挫能力,促进孩子的心理健全发展。

健体对孩子的全面发展和成长具有重要意义。通过健康的饮食、适当的运动和良好的心理状态,孩子可以更好地适应学习和生活,提高自身素质和能力,为未来的发展打下坚实的基础。因此,家长应该注重家庭教育中的健体效应,为孩子的健康成长提供全面的支持和保障。

（四）审　美

家庭教育所涵盖的内容十分广泛,除了传统的知识学习和品德培养外,还包含着以家庭为中心的审美教育。这是因为,在儿童的成长过程中,家庭环境、家人的言谈举止以及家庭的情绪氛围都成为孩子美育的独特教材。

首先,家庭环境是孩子接触最早、最直接的环境。家庭的布置、家具的选择、墙上的装饰画等都会对孩子的审美产生潜移默化的影响。一个充满艺术气息和美好事物的家庭环境,能够激发孩子对美的向往和追求,培养他们的审美意识和审美能力。

其次,家人的言谈举止也是孩子审美教育的重要来源。家长的语言、行为和态度都会成为孩子模仿的对象。一个有教养、有礼貌、有文化底蕴的家庭能够培养出懂得欣赏美、尊重美、创造美的下一代。

最后,家庭的情绪氛围对孩子的审美教育也有着不可忽视的影响。一个充满爱与关怀的家庭能够让孩子感受到温暖和幸福,培养他们积极向上的心态和乐观的精神。这种积极的心态和乐观的精神,是审美教育的重要组成部分,能够帮助儿童更好地感受美、欣赏美。

五、现代家庭教育的优化

（一）优　生

优生,是指家庭注重孩子的遗传素质和先天禀赋,通过科学的婚检、遗传咨询和孕期保健等优化孩子的遗传基因,促进孩子健康和智力发展。要做到优生必须把住优婚、优孕、优娩几个重要环节。

1. 优 婚

优婚是优生的前提和基础,主要涉及以下几个方面。

（1）健康检查

结婚前,男女双方都应该进行全面的身体检查,了解彼此的健康状况,这有助于避免遗传疾病和传染病的传播,确保下一代的健康。

（2）遗传咨询

如果男女双方有遗传疾病或家族病史,应该进行遗传咨询。遗传咨询可以帮助了解疾病的风险和遗传概率,为未来的生育提供指导。

（3）感情基础

选择合适的伴侣是优婚的重要因素。男女双方应该注重感情基础和家庭背景,避免近亲结婚和不良婚姻。良好的感情基础为未来的家庭生活和育儿提供稳定的环境。

2. 优 孕

优孕是优生的关键环节,主要涉及以下几个方面。

（1）身体准备

怀孕前,夫妻双方应该进行全面的身体检查,确保身体健康。同时,应该注意饮食营养和健康生活方式,避免不良习惯对胎儿的影响。

（2）叶酸补充

女性在怀孕前和怀孕早期应该补充叶酸,有助于预防胎儿神经管缺陷。

（3）产前检查

怀孕期间,准妈妈应该定期进行产前检查,及时发现和处理问题,这有助于确保母婴健康,减少并发症的风险。

（4）生活方式调整

怀孕期间,准妈妈应该注意饮食营养均衡,避免过度劳累和压力。同时,应该避免吸烟、饮酒和其他有害物质的使用。

3. 优　娩

优娩是优生的最后环节,主要涉及以下几个方面。

（1）选择正规医院

分娩应该选择正规的医院和专业的医生,确保母婴安全。

（2）选择合适的分娩方式

根据产妇和胎儿的情况选择合适的分娩方式。自然分娩对母婴健康都有益处,如果有特殊情况,可以选择剖宫产。

（3）产后护理

产后,应该注意母婴的护理和营养补充,促进母婴的健康恢复。同时,应该注意预防产后抑郁和其他心理问题。

（二）优　育

优育是指通过提供良好的生活条件、环境和教育,促进孩子健康成长和全面发展。优育的目标是提高孩子的身体素质、智力水平和心理素质,培养他们良好的品德和行为习惯。为了实现这一目标,需要采取一系列措施。

1. 提供良好的生活环境

（1）安全的居住环境

在当今社会,孩子的安全和健康是每个家庭都非常关注的问题。为了确保孩子能够健康、快乐地成长,家长应该采取一系列措施确保孩子生活在一个安全的环境中。

家长应该为孩子提供一个安全的家庭环境,包括确保家具和电器设备符合安全标准,没有潜在火灾、触电等危险隐患等。家长还应该在适当年龄教育孩子如何正确使用家用电器、燃气等设施,并告诉他们不要随意玩刀具等危险物品。

家长应该关注社区环境的安全。选择安全的居住区域,避免邻里间的矛盾和纠纷对孩子造成不良影响。同时,家长还应该教育孩子遵守交通规则,不随意横穿马路、不在马路上玩耍等。

（2）充足的营养

提供营养均衡、卫生安全的饮食是家长的责任。家长应该注意食品的卫生情况，避免食品过期或受到污染。家长还应该控制孩子饮食中的糖分、脂肪等的摄入量，鼓励孩子多吃蔬菜水果，保持健康的饮食习惯。

（3）良好的卫生习惯

家长应该关注孩子的生活卫生习惯。教育孩子养成勤洗手、勤洗澡、勤换洗衣物的习惯，保持个人卫生。家长还应该定期清洗孩子的玩具、床上用品等物品，保持家居环境的清洁卫生。

2. 实施科学的教育

（1）早期教育

在早期阶段，家长应为孩子提供丰富多彩的教育活动，如阅读、绘画、音乐等，激发他们的学习兴趣和创造力。

（2）全面教育

家长应注重孩子的全面发展，包括知识、技能、情感、社交等方面。通过多种形式的教育活动，培养孩子的综合素质。

（3）个性化教育

家长应尊重孩子的个性差异，根据他们的兴趣和特长，提供个性化的教育方案，促进他们的个性化发展。

3. 加强心理健康教育

（1）建立良好的亲子关系

家长通过与孩子进行良性的互动和沟通，建立良好的亲子关系，增强孩子的安全感和信任感。

（2）培养健康的心态

家长通过教育引导帮助孩子树立积极、乐观的心态，教育孩子面对挫折和困难时保持冷静和自信。

（3）提供心理辅导

当孩子遇到心理问题时，家长为孩子提供专业的心理辅导服务，帮助他们解决心理问题，促进心理健康发展。

（三）优　教

优教是一个综合性的教育理念和实践行动,旨在通过提供优质的教育资源和教育服务,促进孩子的全面发展。

随着社会的发展,对人才的要求也越来越高。因此,家庭教育应该注重优教,全面培养孩子的各项能力和素质,包括知识技能、思维能力、情感态度、价值观等,以适应现代社会对全面发展人才的需求。

优教不仅关注知识的传授,更注重培养孩子自主学习的意识和能力。通过优教,孩子能够养成良好的学习习惯,掌握有效的学习方法,形成自主学习的意识和能力,有助于他们在未来的学习和职业生涯中不断成长和发展。

另外,现代社会需要具备创新精神和批判性思维的人才。优教注重启发孩子的思维,鼓励他们勇于尝试新事物,探索未知领域,培养其创新精神和批判性思维。这将使孩子在未来的工作和生活中具备更强的创新能力和问题解决能力。

优教也是一种家庭教育理念,强调家长与孩子之间的互动和沟通。通过优教,家长更加关注孩子的成长需求和情感体验,与孩子建立亲密的亲子关系,营造和谐的家庭氛围。这将有助于孩子的心理健康和个性发展,促进家庭和谐。此外,通过优教,家长可以向孩子传递优秀的文化和价值观,培养其文化自信和民族自豪感。这将有助于孩子成为有文化底蕴、有道德修养的人才,为国家和民族的繁荣发展做出贡献。

第二节　现代家庭教育的性质与功能

一、现代家庭教育的性质

现代家庭教育的性质包括私人性、非正规性、终身性和生活性等方面(图1-4)。这些性质使得家庭教育在人的成长过程中发挥着重要的作用,为孩子提供了全面的教育和支持。

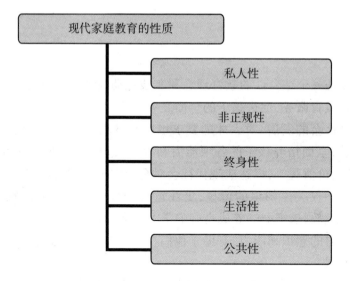

图 1-4　现代家庭教育的性质

（一）私人性

家庭教育中教育者和受教育者之间是一种私人关系,这种关系是基于血缘、婚姻或收养关系而建立的。在家庭教育中,教育者和受教育者之间没有公共机构或组织的介入,也没有其他利益相关者的监督。因此,家庭教育是一种相对自由和个性化的教育形式,其教育内容和方式往往取决于教育者的个人意愿和经验。

（二）非正规性

与学校教育等正规教育相比,家庭教育缺乏组织性和计划性。在家庭教育中,教育者往往没有经过专业的教育培训,缺乏系统的教育知识和技能。同时,家庭教育也没有固定的课程计划和教学内容,教育者根据自己的经验和受教育者的需求来灵活调整教育内容和方式。

（三）终身性

家庭教育是一种终身教育,贯穿于人的整个生命历程。从孩子出生到成年,甚至到老年,家庭教育都发挥作用。在家庭教育中,受教育者不仅学习知识和技能,还学习如何与人相处、如何处理情感问题、如何面对挑战等,所以说,家庭教育不仅是一种基础教育,还是一种终身教育。

（四）生活性

现代家庭教育注重生活性,这表现在家长更加重视将教育融入孩子的日常生活中,不仅仅是文化知识的学习。具体而言,生活性的家庭教育强调以下几个方面。

生活技能的培养。教育孩子如何管理个人卫生、学会基本的家务、进行金钱管理等,这些日常生活技能对孩子成长至关重要。

情感教育。情感教育是生活性教育的重要组成部分。家庭是孩子情感发展的第一课堂,包括学习如何处理人际关系、表达和控制情感等,在家庭中学习这些技能对孩子的社交能力有重要影响。

价值观和道德教育。家庭教育在培养孩子的价值观和道德观念方面扮演着不可或缺的角色。通过家庭成员之间的互动和生活实例,孩子学会诚实、责任、同情等道德品质。

问题解决能力。在日常生活中,孩子会遇到各种问题和挑战,家庭教育可以帮助孩子学习如何分析问题、探索解决方案并做出决策。

决策能力。家长可以让孩子参与日常生活中的小决策,如,选择衣服、规划周末活动等,这些都是锻炼孩子决策能力的好机会。

自我管理。家庭教育强调帮助孩子建立自我管理的能力,如,时间管理、情绪调节等,这些都是孩子未来成功的重要基石。

健康生活习惯的培养。包括合理膳食、适量运动、良好睡眠等,家庭教育应当帮助孩子建立起健康的生活习惯。

（五）公共性

《中华人民共和国家庭教育促进法》的颁布实施标志着家庭教育问题正式进入了公共领域,这无疑强调了家庭教育的公共性。

第一,家庭教育从传统的家庭私事提升到了国家层面,成为一项重要的公共事务。这不仅彰显了国家对家庭教育的重视,也意味着家庭教育对整个社会的影响力和责任在增加。家庭教育不再仅仅关乎家庭内部的成长和教育,而是与整个社会的未来发展紧密相连。

第二,家庭教育需要家庭、学校、社会等多方面共同参与和合作。家庭教育不是孤立的教育活动,而是需要与学校教育、社区服务等进行有效衔接,形成教育合力。这种跨领域的合作与联动进一步凸显了家庭教育的公共性,家庭教育的成果和影响直接关系到整个社会的福祉。

第三,家庭教育引发了社会各界的广泛关注和讨论。随着人们对家庭教育重要性认识不断加深,家庭教育逐渐成为公共议题,引发了社会各界的热议。这不仅推动了家庭教育的普及和进步,也使得家庭教育能够更好地融入社会公共事务中,得到更多的支持。

二、现代家庭教育的功能

家庭教育在人的教育过程中扮演着至关重要的角色,是教育体系中不可或缺的一部分,具有丰富的内容、广泛的联系和持久的时间。家庭被视为人才的摇篮和社会的基础,因为它在很大程度上塑造了个人的品质、价值观和人生观。家庭教育具有诸多功能,限于篇幅,主要选择以下几方面阐述(图 1-5)。

(一)促进个体社会化的功能

1. 什么是社会化?

社会化是指个体在特定的社会和文化环境中,通过与他人的互动和学习,逐渐形成自己的社会角色、价值观、行为规范和身份认同的过程。这个过程是每个人成长和发展的必经之路,也是社会和文化得以延续和发展的基础。

在社会化过程中,个体通过与他人的交往和互动,逐渐了解和接受社会规范和行为准则,学会与他人合作和竞争,形成自己的社会角色和身份认同。同时,社会化也包括个体对自我认知和自我发展的探索,以及对社会和文化的认知和理解。

社会化的过程是一个复杂而漫长的过程,它涉及多方面的因素,包括家庭、学校、社区、媒体等。这些因素都会对个体的社会化产生影响,塑造个体的性格、价值观和行为方式。

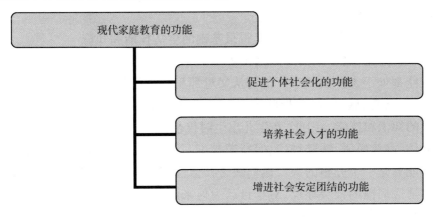

图 1-5　现代家庭教育的功能

2. 家庭如何促进个体社会化

　　家庭在个体的社会化进程中起着至关重要的作用,这一作用主要通过家庭教育来实现。家庭教育并不仅仅是关于知识和技能的传授,更是一种全面的教育,关乎个体如何生存、发展、合作和做人,深入到人生的理想、态度和价值观等各个层面,为孩子提供了一个全方位的人生指引。

　　家庭期望通过这种教育,帮助孩子树立起崇高的生活目标,这个目标不是个人的,而是为了人民的福祉。家长教导孩子,人生不仅是一个学习和成长的过程,更是一个担负责任和义务的过程。这包括在学习和生活中如何明确自己的方向,知道自己应该做什么,不应该做什么,从而在人生的每一个阶段都能有效地履行自己的职责。

　　这种教育让孩子更好地理解自己的角色,知道如何在社会中定位自己,如何走好自己的人生道路。通过这样的指引,孩子不仅能够顺利地度过人生的各个阶段,还能从中体验到人生的意义和价值,更加热爱和珍视人生。

　　此外,家庭教育还强调学会评价人生。通过实践和学习,孩子能够学会评价自己和他人的行为和决策,更好地理解人生的意义和价值。这种评价能力不仅有助于个人的成长和发展,也有助于社会的进步和发展。家庭教育还鼓励孩子通过积极实践创造美好人生。教育方式注重实践性和创造性,鼓励孩子勇于尝试新事物,探索未知领域,从而不断提升自己的能力和素质。

（1）个体通过家庭教育获得最基础的生活技能和知识

新生儿,这个刚刚降临到世界上的小生命,对于生活的一切知识和技能都处于未知的状态。他们从父母那里继承的仅仅是基本的生物特征,如身高、肤色、眼睛形状等,然而,这些生物特征并不能传递父母积累的知识和技能。因此,新生儿出生时仅仅是一个具有生物特性的生命个体,身体娇嫩,头脑纯净,等待着被书写和塑造。严格地说,新生儿还不能算是一个完整的人。他们缺乏社会性,不知道如何与他人交往,如何适应周围的社会环境,对于自己为何来到这个世界、如何在这个人类社会中生存,缺乏最基本的认知和理解。

然而,新生儿拥有巨大的潜力和可塑性,通过不断地学习和实践,能够逐渐掌握各种生活技能和知识,但在这个过程中,他们极度依赖家人的教育和抚养,特别是父母的引导和教育。

家庭中,新生儿从生活的点滴开始学习。在家长的耐心指导下,他们学会如何吸吮母乳、吃饭、喝水、说话、走路、穿衣等基础的生活技能。随着时间的推移,他们开始认识自己、认识父母以及周围的其他人,开始理解自己与他人的关系,开始探索并认识周围的世界。

这些基础的生活技能和知识大多是通过家庭教育获得的。家庭为新生儿实现社会化奠定了最初的基础。

（2）个体通过家庭教育获得对社会的最初认识

家庭中,父母和其他家人是孩子最早的接触对象。通过与父母的互动和交流,他们逐渐认识了自己的父母和其他家人,并开始理解这些人际关系。随着年龄的增长和活动范围的扩大,孩子开始与更多的同龄小朋友交往,并逐渐认识邻居和亲友。在这个过程中,他们逐渐理解了人与人之间的关系,开始形成自己的社会认知。

随着直接知识和间接知识的增多,孩子开始逐步认识自己生活在其中的社会和世界。他们开始了解社会的规则和价值观,了解人们的生活方式和行为规范,其中,家庭教育起着至关重要的作用。家长通过与孩子的交流和互动,传递社会知识、道德观和价值观,帮助孩子逐步建立对社会和世界的认知和理解。

（3）个体通过家庭教育懂得基本的社会规范

个体通过家庭教育确实能够懂得基本的社会规范。家庭教育作为个体社会化的重要途径,承担着传授社会规范、培养社会角色的重要使命。

首先,家庭是社会的基本单位,是个体最早接触和生活的环境。在家庭教育中,父母作为孩子的第一任老师和主要监护人,通过言传身教、行为示范等方式,向孩子传授社会的基本规范和价值观。这些规范包括尊重他人、遵守纪律、诚实守信、尊老爱幼等,都是个体在社会生活中必须遵守的基本准则。

其次,家庭教育还能够培养孩子的社会角色意识。在不同的家庭结构和文化背景中,父母会根据孩子的性别、年龄、个性等因素,为其分配不同的家庭角色和任务。这些角色和任务不仅能够帮助孩子了解自己在家庭中的地位和责任,还能够培养他们的责任感、合作精神和自我管理能力。这些能力和素质都是个体在未来社会生活中扮演不同角色所必需的。

最后,家庭教育还能够引导孩子形成正确的道德观念和行为习惯。父母通过日常生活中的点滴小事,如,礼貌待人、遵守交通规则、保护环境等,向孩子传递正确的道德观念和行为准则。这些观念和准则不仅能够帮助孩子在社会生活中做出正确的价值判断和行为选择,还能够塑造他们良好的人格品质和道德风貌。

3. 家庭教育是人实现社会化的通道和桥梁

（1）家庭教育是通往学校教育的通道和桥梁

学校教育是孩子实现社会化的重要环节,而家庭教育是孩子适应学校教育的重要基础。

第一,家庭教育为孩子打下基础。在孩子进入学校之前,家庭教育承担了主要的育人责任。家长通过日常生活中的互动、言传身教等方式,帮助孩子建立基本的生活习惯、道德观念和社交技能。这些基础素养的培养为孩子进入学校后更好地适应集体生活和接受教育奠定了基础。

第二,家庭教育是学校教育的延伸。当孩子进入学校后,学校教育接过了育人职责的大旗。然而,学校教育的内容和形式与家庭教育是相辅相成的。家长可以通过家庭教育协助学校教育,帮助孩子巩固和深化学校学到的知识和技能。同时,家长也可以针对孩子的个性化需求进行补充教育,促进孩子全面发展。

第三,家庭教育帮助孩子更好地适应学校生活。家庭是孩子情感依托的重要场所,家长通过关爱和支持帮助孩子建立自信心和安全感。这种情感支持不仅有助于提高孩子在学校中的学习效果,还能增强孩子的社会适应能力,使其更好地融入集体生活。

第四,家庭教育是家校合作的关键环节。家庭和学校共同承担着教育孩子的责任,而家庭教育与学校教育的有效衔接和合作是实现这一目标的关键。家长通过与教师的沟通、参与学校活动等方式,更好地了解孩子在学校的情况,也可以向学校反馈孩子在家庭中的表现和需求。这种互动和合作有助于形成教育合力,促进孩子的全面发展。

（2）家庭教育是通往社会教育的通道和桥梁

在社会这个大海洋里,未成年人需要经过一番爬摸滚打,不断学习和实践,逐渐掌握适应社会的能力和技能。他们需要学会与人交往、处理人际关系,了解社会的规则和价值观,适应社会的发展和变化。只有经历这样的社会实践,未成年人才能成为社会的合格成员,才能算实现了社会化。

另外,家庭教育本身就是家庭和家长带孩子在社会中历练,接受社会教育的过程,家庭教育仍然是未成年人实现社会化的基础。家庭教育中,父母给孩子传授自己的经验和智慧,教导孩子如何做人、如何处世等。家庭教育不仅是未成年人实现社会化的起点,也是通向社会的道路和桥梁。离开了家庭教育,未成年人就难以建立对社会的基本认知和理解,也难以形成正确的人生观和价值观。因此,家庭教育是未成年人实现社会化的重要途径之一。

(二)培养社会人才的功能

家庭作为社会的基本单位,对于个体的成长和发展具有深远的影响。在家庭教育中,家长通过传授知识、塑造品德、培养技能等方式,为孩子成为社会人才奠定了基础。

第一,家庭教育为孩子提供知识的学习和积累。家长通过日常的教育和指导,帮助孩子掌握生活常识和社交礼仪等,使孩子具备了适应社会生活的基本能力。

第二,家庭教育注重孩子的品德培养。家庭是塑造品德的摇篮,家长通过言传身教,传递诚实、善良、守信等价值观,使孩子成为具有高尚品德的个体。品德优秀的个体在社会中更容易获得他人的认可和尊重，从而更好地融入社会。

第三，家庭教育承担着培养孩子社会技能的责任。家长通过鼓励孩子参与社交活动、志愿服务等，提高孩子的团队合作、沟通交流和解决问题的能力。这些能力对孩子未来在社会中的发展至关重要，能够帮助其更好地适应社会环境，发挥自己的才能。

第四，家庭教育关注孩子的心理健康。面对社会的压力和挑战，良好的心理素质能够帮助个体保持积极乐观的态度应对困难和挫折。家长通过与孩子的沟通、关注孩子的情绪变化，提供情感支持和心理辅导，有助于孩子的心理健康成长。

（三）增进社会安定团结的功能

青少年是社会的未来和希望，但同时也是违法犯罪的高发人群。在家庭教育中，通过采取以下措施，可以有效"预防青少年孩子违法犯罪"行为的发生，对社会的安定团结起着积极的促进作用。

第一，家庭教育帮助青少年形成明确的是非观念，提高对行为对错的辨别力。青少年阶段是一个人从儿童期向成人期过渡的时期，这个阶段的心理发展呈现出半幼稚、半成熟的状态。在这个时期，青少年可能会出现一些错误的行为，往往不能及时辨别和自控这些行为。犯了错误之后，他们可能也无法产生真正的忏悔心理和从善意愿，甚至可能会以耻为荣，一错再错，最终走上犯罪的道路。

这个关键时期，家长要通过自己的言传身教以及对周围人和事的评价与褒贬帮助青少年形成正确的是非观念和辨别能力，引导青少年正确看待自己和他人的行为，区分对错，做出正确的决策。

当青少年出现错误时，家长不仅要及时进行教育，更要从自己身上寻找原因。家长不能只是一味地全盘否定、斥责和惩罚孩子，这样反而可能引发孩子的逆反心理和对立情绪。相反，家长应该通过与孩子沟通，了解他们的想法和感受，引导他们认识到自己的错误并积极改正。

青少年是社会的未来，他们的成长和发展关系到整个社会的命运。家长应该承担起教育青少年的责任，帮助他们形成正确的是非观念和辨别能力，为他们的成长和发展提供必要的支持和帮助。同时，要关注青少年心理健康问题，及时发现和解决他们的心理问题，避免他们走向犯罪的道路。

第二，家庭教育锻炼孩子与不良诱因作斗争的意志力，巩固好的行为习惯。孩子的错误行为往往是在一定诱因影响下由自身错误观念所支配而表现出来的。这些诱因可能来自于家庭、学校、社会等方面，而孩子的错误观念则可能源于对事物的误解、对社会的偏见或者自身的认知缺陷等。因此，在纠正孩子的某种错误行为时，家长既要改变孩子思想上的错误观念，又要尽可能控制外界诱因的影响。

要改变孩子思想上的错误观念。家长一方面要耐心、细致地沟通和引导，帮助孩子认识自己的错误观念和行为，引导他们树立正确的价值观和道德观。同时，家长也要以身作则，成为孩子的榜样，让他们在正确的价值观和道德观熏陶下成长。

另一方面，要尽可能控制外界诱因的影响。家长要关注孩子所处的环境和交往的朋友，尽可能避免不良诱因对孩子的影响。在征得孩子同意的情况下，可以尝试改变学习环境，或者让孩子主动与不良朋友断绝交往。这些措施可以有效地控制外界诱因对孩子的影响，避免孩子再次出现错误行为。

另外，在为孩子的转变创造一定有利条件前提下，家长注重培养孩子的意志力和自控能力。孩子的意志力和自控能力是形成和巩固好的行为习惯的关键。家长可以通过鼓励孩子参加一些有益的活动，提供一些挑战性的任务等方式来培养孩子的意志力和自控能力。同时，家长要给予孩子足够的鼓励和支持，让他们在转变过程中保持信心和动力。

第三，家庭教育中家长消除犯错误孩子的疑惧心理与对立情绪，取得相互信任。有错误行为的孩子经常受到家长、老师等人的批评、训斥、责备，这些批评和责备会让他们自卑、敏感、有敌意。他们可能会认为周围的人都在轻视自己，导致心理上与成人的鸿沟越来越大。为了反抗这种批评和责备，他们可能会采取回避、沉默、粗暴无礼、变本加厉地犯错等方式来表达自己的不满和抵触情绪。

实际上，这些孩子大多数希望得到父母、老师的尊重、关心和爱护，渴望得到理解和支持，而不是无休止的批评和责备。因此，家长要与他们推心置腹、平心静气地谈心、交心，用诚心去拨动他们的心弦，启发他们的觉悟。家长应该给予孩子足够的关心和爱护，帮助他们树立上进的信心，让他们感受到家庭的温暖和支持。

相反，那些在思想情感上对孩子厌弃、憎恶，在行为上打骂孩子的家长,可能会将孩子推向罪责的深渊。这种教育方式不仅不利于孩子的成长和发展,还会对社会安定团结造成不利影响。因此,家长应该以身作则,成为孩子的榜样,用正确的方式引导和教育孩子。

第三节　现代家庭教育的影响因素

现代家庭教育的成功与否受到多种因素的影响,这些因素包括但不限于家长自身的素质、家长对孩子的态度、家庭生活环境等。这些因素相互作用,共同塑造和影响着家庭教育的质量和效果。

一、家长自身的素质

在孩子教育过程中,家长起着重要的作用,决定着家庭教育的目的、内容与教育方式方法,进而决定教育的效果。因此,家长自身的素质直接决定了家庭教育的成败。

(一)家长的人生观和思想品德

家长的人生观和思想品德不仅是家长个人品格的体现,更是家庭教育的重要基石,对孩子的成长和发展有着深远的影响。

一个具有正确人生观的家长,能够清晰地认识到社会发展的趋势和需求,从而有针对性地引导孩子适应社会成为有用之才。他们能够理解社会对儿童、青少年一代的要求,为孩子树立正确的价值观和人生观。

家长的思想品德是他们日常生活中的行为准则。一个具有良好思想品德的家长,能够坚持正确的原则,懂得什么是真善美、什么是假恶丑。在教育孩子时,他们会以自己的行为为榜样,引导孩子形成良好的品格和道德观念。

在家庭教育中,家长的人生观和思想品德起着至关重要的作用。首先,它决定家庭教育的指导思想。家长根据自己的人生观和思想品德决定要把孩子培养成什么样的人。其次,它决定家长给孩子树立的榜样。一个具有正确人生观和良好思想品德的家长,会用自己的行为引导孩子走上正确的人生道路。最后,它决定家长在孩子心目中的威信。具有正确人生观和良好思想品德的家长更容易在孩子心目中树立威信,一个有威信的家长更容易掌握孩子教育工作的主动权,从而取得更好的教育效果。

反之,如果家长没有正确的人生观和优秀的思想品德,将难以给予孩子正确的思想教育,也难以在孩子心中树立威信。一个缺乏理想和进取心的家长,往往会使孩子陷入自我封闭、不思进取的状态,而那些贪图私利、不公不义的家长,则容易使孩子形成不良的行为习惯。

如果家长误导孩子认为撒谎和欺骗是一种能力,那么孩子很可能会习得这种不良品质,甚至对家长也进行欺骗。同样,如果家长倾向于掩饰错误而不是坦诚面对,孩子在犯错时也可能会拒绝承认。这些负面因素都会对孩子的成长产生消极的影响,阻碍他们的健康发展。

因此,家长要时刻关注自己的人生观和思想品德修养,以榜样的力量影响和引导孩子成为社会需要的人才。同时,家长也要不断学习和提升自己的教育能力,以更好地指导孩子的成长和发展。

（二）家长的文化素养

家长的文化素养不仅决定家长自身的理想、情操、道德水平、思想境界和经济状况,还深刻影响着家长与孩子之间的关系、家庭的生活方式和教育方式。

首先,家长的文化素养决定了他们的教育能力和教育方式。一个具备较高文化素养的家长,通常能够有效地选择与运用教育方法和技巧,为孩子提供有益的教育和指导。他们能够理解孩子的需求和问题,并根据孩子的特点进行针对性的教育。这样的教育方式更有可能培养孩子的兴趣和特长,促进他们的全面发展。

其次,家长的文化素养影响着家庭关系的处理。一个具备良好文化素养的家长,通常能够妥善地处理与配偶和孩子的关系,建立和谐的家庭关系。他们能够理解并尊重孩子的想法和需求,为其提供一个充满爱和支持的家庭环境。这样的家庭环境有助于孩子的心理健康和成长。

最后,家长的文化素养还对家庭的经济收入和生活方式产生影响。

具备较高文化素养的家长往往能够获得更好的职业机会和经济收入,从而为家庭提供更好的生活条件和教育资源。这样的家庭环境有助于发展自己的潜力,促进孩子的发展和成长。

因此,家长要不断提高自己的文化素养,包括不断学习新知识、提高理论水平和实践能力,同时注重自身品德修养的提升,为孩子创造一个健康、和谐、有爱的成长环境,以更好地履行家庭教育的职责。

（三）家长的教育观念

家长的教育观念包括人才观、儿童观、亲职观和亲子观。人才观是指家长对人才价值的看法,包括什么样的人才是有价值的人才,以及如何培养孩子成为有价值的人才;儿童观是指家长对孩子成长和发展规律的看法,孩子应该如何成长和发展,以及如何引导和帮助孩子成长与发展;亲职观是指家长对自己作为父母角色的看法,作为父母应该承担什么样的责任和义务,以及如何履行这些责任和义务;亲子观是指家长对亲子关系的看法,什么是和谐的亲子关系,如何建立和维护良好的亲子关系。

端正家长的教育观念是提高家长素质的关键。家长需要不断更新自己的教育观念,以适应现实社会变革的要求。他们需要了解新的教育理念和方法,掌握科学的教育知识和技能,以便更好地引导和帮助孩子成长。

（四）家长的教育能力

教育孩子是一项需要科学观念和知识的任务,但仅仅拥有这些观念和知识远远不够,家长还需要具备将这些观念和知识运用于家庭教育活动中的能力。

1. 了解孩子的能力

了解孩子是教育孩子的基础。家长需要了解孩子的性格、兴趣爱好、优缺点、需求和成长背景等,以更好地理解孩子的情感和行为以及与孩子建立良好的关系。家长要学习心理学与教育学中关于孩子成长的基本知识理论,结合这些知识理论通过观察、沟通、倾听、参与活动等方式了解孩子,同时还要尊重孩子的个性和意愿,给予他们足够的自由和空间。

2. 分析情境的能力

家庭教育活动往往发生在特定的情境中,家长要具备分析情境的能力,以更好地应对各种挑战和问题。家长要了解家庭、学校、社会等教育环境的特点和规律,分析不同情境下孩子的需求和挑战,从而针对性地制定教育计划和策略。同时,家长还要灵活应对各种变化和突发事件,及时调整教育方法和策略。

3. 选择和运用教育方法的能力

教育方法的选择和运用是家庭教育活动的关键环节。家长要了解各种教育方法和技巧,并根据孩子的特点和需求选择合适的方法。对于年龄较小的孩子,家长可以采用讲故事、做游戏等方式进行教育;对于年龄较大的孩子,家长可以采用讲解、讨论等方式进行教育。同时,家长还要灵活运用这些方法,根据实际情况进行调整和改进。

4. 语言表达能力

语言是沟通的重要工具,家长要具备良好的语言表达能力,以更好地与孩子沟通和交流。家长要使用清晰、简洁、易懂的语言与孩子交流,同时注意语气和语调的变化,更好地表达自己的情感和意愿。此外,家长还要学会倾听孩子的意见和想法,尊重他们的观点和感受。

5. 自我调控的能力

在家庭教育活动中,家长要保持冷静、理智的态度,控制自己的情绪和行为。当面对孩子的挑战和问题时,家长不要过于激动或情绪化以便更好地应对。同时要不断反思自己的教育方法和效果,及时调整和改进。此外,家长还要学会自我调节和管理自己的情绪和行为,更好地与孩子建立良好的关系。

（五）家长的心理素质

家长的心理素质也会对家庭教育产生重要的影响,下面仅对家长的心境、兴趣以及性格对家庭教育产生的影响进行阐述。

1. 心　境

心境是一种在一段时间内持续影响个人行为和生活的情感体验,这种情感体验通常微妙且持久。对于家长来说,轻松愉快的心境不仅有助于自身的身心健康,还能为家庭营造一个和谐欢乐的氛围。在这种心境下,家长的教育行为会更加理智、幽默,更容易被孩子所接受。相反,如果家长处于忧郁、沮丧、恐惧等不良心境中,不仅会影响自身的情绪和健康,还可能对孩子产生负面影响,不利于孩子的成长。

心境与一定的情境密切相关,随着情境的变化而变化。当家长面临工作压力、家庭琐事等负面情境时,可能会感到焦虑、烦躁。此时,家长可以通过主观意识进行调节,调整自己的心态,保持积极乐观的态度,以保持良好的心境。

2. 兴　趣

兴趣是人们积极探究某种事物的认识倾向,是一种内在动力,能够推动人们去探索、学习和创新。对于家长来说,拥有健康的兴趣不仅可以丰富自己的精神生活,提高生活的情趣和质量,还可以通过与孩子的互动,培养孩子的兴趣,促进其发展。

3. 性　格

性格是指个体在面对现实时所表现出的态度和行为方式中相对稳定且独特的心理特征的总和。对于家长来说,拥有积极进取的性格对家庭教育具有积极意义。

首先，积极进取的性格可以使家长以更加积极主动的态度对待孩子教育问题。在教育孩子时，家长要不断学习和提升自己的教育能力，关注孩子的需求和成长，积极引导和帮助孩子。积极进取的性格使家长保持对教育的热情和动力，不断探索新的教育方法和策略，提高家庭教育的水平。

其次，积极进取的性格能给孩子性格以潜移默化的影响。家长是孩子成长过程中的重要角色，他们的行为和态度会对孩子性格形成产生深远的影响。如果家长具备积极进取的性格，他们面对挑战和困难时表现出的坚持和努力将会成为孩子学习的榜样。孩子在成长过程中会模仿家长的行为和态度，从而形成自己的性格。因此，家长的积极进取性格对孩子的性格产生积极的引导作用。

最后，积极进取的性格能使家长在教育孩子时更加注重开拓进取。在教育孩子时，家长不仅要关注孩子的学业成绩，还要注重培养孩子的创新能力和实践能力。积极进取的性格使家长关注孩子的全面发展，鼓励他们勇于尝试新事物，挑战自我，在学习和生活上不断开拓进取。

二、家长对孩子的态度

作为孩子的教育者，家长的态度对孩子的身心发展有着至关重要的影响，这种影响源于家长与孩子之间的特殊关系。家长与孩子之间存在着深厚的情感纽带，作为孩子的第一任教育者，家长对孩子的态度、情感和行为都会直接影响到孩子的成长和发展。孩子从家长那里学习如何与人交往、如何处理问题、如何表达情感等。因此，家长对孩子的态度，无论是积极还是消极，都会成为孩子成长的参照和标准。

家长对孩子的态度主要体现在两个方面：一是家长对孩子热爱、关心的程度和方式；二是家长对孩子的期望。

家长对孩子的热爱和关心程度是影响孩子身心发展的重要因素之一。家长对孩子的爱是无私的、真诚的，这种爱可以给予孩子安全感、信任感和归属感。如果家长对孩子充满爱，关注他们的成长和需求，给予他们足够的支持和鼓励，那么孩子就会感到被接纳和尊重，从而以积极的态度去面对生活和学习。

家长的期望是孩子成长过程中的又一重要因素，会对孩子的自我认知和自我价值产生深远的影响。当家长对孩子有合理的期望,并且能够给他们适当的支持和引导时,孩子就会更加自信和有动力去追求自己的目标。这种自信和动力来源于家长对孩子的信任和肯定,以及孩子对自己的认知和价值的确认。

相反,如果家长对孩子的期望过高或者过低,孩子就容易感到压力或者失落。过高的期望会使孩子感到无助和焦虑,因为无法达到家长的要求影响其自信心和自我价值感;过低的期望则会使孩子感到被忽视或者不被重视,导致追求目标时缺乏自信和动力。

因此,家长对孩子的期望要充分考虑孩子的实际情况和能力水平,要制定合理的期望和目标。同时给孩子适当的支持和引导,帮助他们克服困难和挑战,实现自己的目标。

三、家庭生活环境

构成家庭生活环境的因素非常多样,它们共同作用,影响着家庭成员的生活质量、情感交流以及孩子的成长和教育。

（一）家庭结构

家庭结构是指家庭成员之间不同层次和序列的组合,包括家庭成员的种类、数量、辈分以及家庭规模等多个方面,这些因素共同构成了家庭的基本结构,对家庭教育的实施及其效果产生直接的影响。

第一,家庭成员的种类和数量结构影响家庭教育。家庭成员包括父母、孩子、兄弟姐妹等,他们的数量和种类会对家庭教育产生影响。独生孩子家庭的教育方式和多孩子家庭的教育方式会有所不同。

第二,家庭成员的辈分结构影响家庭教育。传统家庭,辈分是一种重要的社会规范,父母辈分较高,孩子辈分较低。这种辈分结构会对家庭教育产生影响,因为父母往往会对孩子进行更多的指导和约束,而孩子则会对父母产生更多的敬畏和尊重。

第三,家庭成员是否齐全会对家庭教育产生影响。如果家庭成员中有缺失,如父母离异或父母有一方去世等,会对孩子的成长和发展产生不良影响。因为孩子在成长过程中需要父母的关爱和支持,如果父母不齐全会导致孩子缺乏必要的关爱和支持,从而影响孩子的成长和发展。

第四,家庭的规模大小会对家庭教育产生影响。大型家庭父母可能难以关注到每个孩子的需求和问题,而小型家庭父母则更容易关注到每个孩子的需求和问题。因此,在制定家庭教育策略和方法时,需要考虑家庭规模的大小,并根据实际情况进行调整。

（二）家庭经济生活状况

家庭经济生活状况包括家庭经济收入、生活水平、家庭经济来源和支配等方面。这些因素不仅关系到家庭的日常生活,也对家庭教育具有重要影响。

首先,家庭经济收入是家庭教育的基础。家庭经济收入的高低直接决定家庭的生活水平和教育投入。如果家庭经济收入较低,父母可能无法提供充足的教育资源和机会,会限制孩子的发展。相反,如果家庭经济收入较高,父母则可以提供更好的教育资源和机会,帮助孩子更好地成长和发展。

其次,生活水平会影响家庭教育。生活水平较高的家庭,通常能够提供更好的生活环境和教育氛围。他们可能有更多的教育资源如书籍、玩具、学习工具等,能为孩子提供更好的学习条件。他们也可能有更多的时间和精力投入孩子的教育上,与孩子进行更多的互动和交流。生活水平还可能影响父母的价值观和教育方式。生活水平较高的父母可能更注重孩子的全面发展,包括知识、技能、情感、社交等方面,可能会更注重培养孩子的独立思考能力、创新精神和实践能力。因此,生活水平对家庭教育有着重要的影响。为了确保孩子得到良好的教育,父母应该努力提高家庭的生活水平,为孩子提供更好的教育资源和环境。同时,政府和社会也应该关注家庭的生活水平,通过提供经济援助、教育资源等措施,帮助家庭提高生活水平,为孩子创造更好的教育条件。

最后,家庭经济来源和支配会对家庭教育产生影响。家庭的经济来源决定家庭的收入来源和经济稳定性,而家庭的经济支配则决定家庭的经济支配权和消费方式。如果家庭经济来源不稳定或经济支配权不适当,可能会对孩子的成长和发展产生不良影响。如果家庭收入主要依赖于父母的工作,而父母的工作不稳定或失业,就会对家庭日常生活和教育投入产生负面影响,从而影响孩子的成长。

（三）家庭成员的关系

家庭成员之间的关系是家庭教育的重要组成部分,对孩子的成长和发展有着深远的影响。

首先,家庭成员之间的关系决定了家庭生活的气氛、秩序和稳定程度。和谐、稳定、亲密的家庭关系可以为孩子提供一个安全、温暖、充满爱的成长环境。这种环境可以让孩子感受到家庭的关爱和支持,从而自信、乐观和积极;相反,紧张、冲突、冷漠的家庭关系可能会给孩子带来负面影响,如焦虑、抑郁、自卑等,影响孩子的身心健康和成长。

其次,家庭成员之间的关系对孩子的个性发展和社会适应能力产生影响。家长是孩子最早的教育者,孩子从家庭中学到很多基本的价值观和生活技能。如果家庭成员之间关系和谐,父母之间沟通顺畅,孩子就会形成积极、健康的个性品质,如诚实、善良、勇敢等。同时,他们也更容易适应社会,与他人建立良好的关系。

最后,家庭成员之间的关系对孩子的学业和未来职业发展也有重要影响。和谐、相互支持的家庭关系可以为孩子提供稳定的精神支持,帮助他们更好地面对学业和职业挑战。相反,不和谐、冲突的家庭关系可能会让孩子在学习和职业发展方面遇到困难和挫折。

因此,为了孩子的健康成长和发展,家庭成员之间应该建立和谐、亲密的关系。父母应该注重沟通、理解和尊重,为孩子营造一个温馨、充满爱的家庭环境。

（四）家庭生活方式

家庭生活方式指的是家庭成员间的生活习惯和互动方式的总和,反映家庭成员的价值观、文化背景和生活态度。

家庭生活方式是受多种因素影响的,包括家庭生活观念、生活活动和生活条件等。每个家庭都有自己独特的生活方式,这种生活方式对家庭成员的成长和发展有着深远的影响。因此,了解和审视自己家庭的生活方式对个人和家庭的成长都非常重要。

首先,家庭生活方式受家庭生活观念影响的。生活观念指的是人们对生活的基本态度和价值观念,影响着家庭成员的行为和决策。有的家庭强调传统和尊重长辈,有的家庭则更注重个人自由和独立。这些观念会在日常生活中对家庭成员产生影响,形成不同的家庭生活方式。

其次,家庭生活方式体现在家庭生活活动上。生活活动指的是家庭成员在日常生活中所进行的一系列活动,如烹饪、清洁、娱乐等。不同的家庭可能有不同的生活习惯和活动方式,影响家庭成员的日常生活和互动。有的家庭习惯一起做饭、看电视;有的家庭则更喜欢各自进行自己的活动。

最后,家庭生活方式受家庭生活条件的影响。生活条件指的是家庭的经济状况、居住环境和社会地位等。这些条件决定了家庭成员的生活水平和质量,进而影响家庭生活方式。经济条件较好的家庭可能能够提供更好的生活设施和教育资源,而经济条件较差的家庭则可能需要更加节约和精打细算。

家庭生活方式中对孩子身心发展有直接影响的因素主要有以下几个方面。

1. 家庭饮食营养习惯

家庭的饮食营养习惯对孩子的身体健康和成长发育有着重要影响。如果孩子能够得到均衡的营养摄入,那么他们的身体发育和智力发展就会更加健康。

2. 生活起居习惯

家庭的生活起居习惯对孩子的日常生活规律和健康状况有着重要影响。如果孩子能够养成良好的生活起居习惯,如定时作息、保持卫生等,那么他们的身体和心理就会更加健康。

3. 消费方式

家庭的消费方式会对孩子的价值观和生活方式产生影响。如果孩子能够从小就学会理性消费、节约开支,那么他们就会更加懂得珍惜和感恩,形成健康的消费观念和生活方式。

4. 闲暇利用方式

家庭的闲暇利用方式会对孩子的成长和发展产生影响。如果孩子能够充分利用闲暇时间进行有益的活动,如阅读、运动、社交等,那么他们的视野和知识面就会更加开阔,形成更加健康的生活方式。

5. 家庭人际交往方式

家庭的交往方式会对孩子的社交能力和人际关系产生影响。如果孩子能够从小就学会与家人和他人建立良好的关系,懂得尊重和理解他人,那么他们的人际关系就会更加和谐,形成更加健康的生活方式。

总之,家庭生活方式对孩子的成长和发展有着重要影响。为了让孩子健康成长,家长应该注重培养健康的生活方式和良好的生活习惯,为孩子创造一个和谐、健康的家庭环境。

第二章

家庭教育的发展及经验借鉴

家庭教育是孩子成长过程中不可或缺的一部分，对孩子的身心健康、学业成就以及未来发展都有着深远的影响。在当今社会，随着教育观念的不断更新和家庭教育实践的深入，家庭教育的发展成为人们关注的焦点。通过对我国家庭教育基本知识的了解以及对不同国家和地区在家庭教育方面的实践和成果进行研究，可以为我国的家庭教育提供有益的参考和启示。

第一节　我国家庭教育的历史沿革

一、原始社会是家庭教育的源头

原始社会是人类历史上的第一个社会形态,标志着人类从动物界分离出来,开始了自己的社会生活。这个社会的主要特征是生产力水平很低,人们只能依靠简单的工具和手工劳动来维持生活,没有剩余产品,生活条件十分艰苦。

在原始社会,任何人都享有平等的受教育权利,教育是原始公社成员共同的义务。这种大家庭的教育为社会的发展和进步起到了重要的推动作用。

第一,原始社会的教育促进了人类文化的传承和发展。在原始社会,人们通过口传身教的方式将生产经验、生活技能、社会规范等传递给下一代。这种教育方式不仅使得人类文化得以延续和传承,而且通过文化的不断积累和创新推动了人类社会的进步和发展。

第二,原始社会的教育培养了人们的团结协作精神。在原始社会,人们必须依靠群体力量才能生存和发展。因此,教育注重培养人们的团结协作精神,使得人们能够相互支持、相互帮助,共同应对外部挑战。这种团结协作精神在后来的社会发展中仍然具有重要的意义。

第三,原始社会的教育促进了人类智慧的启蒙和发展。在原始社会,人们通过观察自然、思考问题、探索未知等方式来积累知识和经验。这种教育方式不仅培养了人们的观察力和思考力,而且通过不断的学习和探索推动了人类智慧的发展和进步。

第四,原始社会的教育为后来的社会发展奠定了基础。尽管原始社会生产力水平很低,生活条件十分艰苦,但是孕育了人类社会的许多基本特征和教育制度的雏形。这些特征和教育制度在后来的社会发展中得到了进一步的发展和完善,为人类的发展和进步奠定了基础。

二、奴隶社会的家庭教育

在奴隶社会,生产关系的基础是建立在奴隶主对生产资料的占有和对奴隶的剥削之上的。这导致了土地、工具和其他资源的所有权集中在奴隶主手中,奴隶则被迫成为他们的劳动力和财产。在这种社会结构下,奴隶主家庭成为经济生产的基本单位,他们组织家庭内的农业、畜牧、加工作坊等经济活动,并决定家庭成员的消费生活。

奴隶主作为家长,不仅在经济上支撑着整个家庭,还拥有对家庭内部事务的绝对权威。他们不仅是家庭的经济支柱,更是家庭权力的掌管者。家庭成员和奴隶都必须服从奴隶主的意志和规定,按照他们的意愿进行活动。

在这种家庭生活方式下,奴隶主对奴隶的剥削和压迫是常态。奴隶们被迫从事繁重的体力劳动,没有自由和尊严,被视为奴隶主的私有财产,可以被任意买卖和处置,没有受教育的权利与机会。

这种家长制使得家庭成为一个小型的社会组织,具有明显的阶级性和等级性。在奴隶主家庭中,教育子女的目的是培养能够继承家业、维护家族利益的人才。教育内容主要是让孩子学会如何管理家庭、如何与奴隶相处以及如何维护家族的荣誉和地位。

与原始社会的公有制相比,奴隶社会的家庭教育具有更明显的阶级烙印。原始社会虽然也存在社会分层和阶级对立,但家庭教育相对平等和开放,而由于私有制的出现和阶级的划分,奴隶社会家庭教育被打上了阶级烙印。

这种阶级烙印不仅体现在教育内容和目的方面,还体现在教育方式和手段方面。奴隶社会家庭教育往往采取权威和强制的方式,家长拥有绝对的权力和支配权。他们通过言传身教、奖惩措施等方式对孩子进行教育和管理,以培养符合家族利益和阶级地位的人才。

此外,奴隶社会的家庭教育还具有明显的政治色彩。奴隶主家庭不仅是经济单位,还是政治单位。他们通过家庭教育将政治观念、家族荣誉和社会责任传递给子女,培养他们成为忠诚于家族和阶级的统治者或管理者。

总之,奴隶社会虽然有了学校的出现,但学校教育并不发达,教育主要集中在奴隶主家中。这种家庭教育主要针对贵族子弟,形成了贵族专有的家庭教育。

三、封建社会的家庭教育

封建社会家族的荣誉和地位与个人的命运紧密相连。一个人的行为和成就不仅影响自己,还关系到整个家族的命运,因此家庭教育在社会上的地位格外突出。家庭教育被视为强权政治的工具,通过家庭教育传递家族的价值观、传统和规矩,确保家族的延续和权威。

此外,封建的法制制度也需要封建家庭教育来为其服务。

在封建社会的早期,世卿世禄制度被沿用,官职爵位是世袭的。封建大家庭为了确保家族的权力和地位得以世袭,教育出能够继承家族事业的子孙成为了一个重要的问题。

从汉代开始,举孝廉秀才的制度逐渐兴起。这一制度扩大了选拔官吏的范围,更多的人才得以进入官僚体系,而且孝廉的概念在选拔中占据重要地位。孝廉首先表现为对父母的孝顺,这是家庭教育的一种结果。因此,家庭教育在培养能够继承家族事业的子孙方面发挥着重要作用。此外,秀才也主要是由家庭或家庭学校培养出来的知识分子。封建社会教育资源有限,许多家庭和家族承担起了教育的责任。他们通过家庭教育培养孩子的知识和技能,使他们成为具备文化素养和才能的人才。

封建统治阶级在家庭教育中灌输宗法观念、伦理纲常、男尊女卑等思想,强调家族的权威、传统的传承以及男性和女性的社会角色和责任。教育的目的是传宗接代、光宗耀祖,确保家族的荣誉和地位得以延续。

封建社会家庭教育承担着培养孩子的知识和技能,为生产服务的重要职能。中国两千多年来,世世代代的农民主要是通过家庭教育培养的。

汉代,家庭识字教育的内容就结合了生产、生活实际。家庭是封建社会的主要生产单位,农民们需要在家中进行农业生产,因此家庭教育的内容也与农业生产紧密相关。家长通过教授孩子识字、算术等知识,帮助他们更好地掌握农业生产技能,提高生产效率。

唐代,学校打破了经学独霸的局面,设有书学、算学、律学等,丰富发展了家庭教育的内容。这些学科的设置不仅拓宽了教育的领域,也使得家庭教育的内容更加丰富多样。家长通过教授这些学科的知识,培养孩子的文化素养和综合能力。

宋、明以来，蒙馆、家塾发达，编订了多种家庭教育的教材。这些教材不仅注重知识的传授，还注重品德的培养。家长通过教授这些教材的内容，帮助孩子树立正确的价值观和人生观。

流传多年的《三字经》《千家文》等教材都与生产、生活实际紧密相连。这些教材的编写充分考虑了农业生产和社会生活的实际需求，家庭教育更加贴近实际，更加具有实用性和针对性。

近代以来，随着帝国主义列强入侵，中国逐渐沦为半封建半殖民地社会，教育体系发生了巨大的变化。"中学为体，西学为用"的思想逐渐兴起，强调在保持传统教育的基础上引入西方现代教育模式。

在这种思想影响下，初等教育场所如"初等小学堂"和"蒙养学堂"等开始设立，主要教授传统知识、道德规范以及一些基本的科学知识。同时，为了满足社会中下层的需求，还出现了"蒙馆""家塾""私塾"等教育机构辅助家庭教育，帮助培养孩子的知识、技能和品德。

一些家庭聘请家庭教师对孩子进行专门教育。这种形态的家庭教育延续了近百年，家庭教师承担着传授知识、培养才艺和教导品德等多重任务。在这个过程中，家庭教育不仅承担着培养孩子的责任，还成为社会中下层辅助家庭教育、培养人才的重要场所。

在我国封建社会一千多年的漫长历史时期，一些思想家、教育家、文人、学士对家庭教育进行了深入的研究和探讨，留下了许多宝贵的论著。这些论著涵盖了家庭教育的各个方面，包括教育目标、教育内容、教育方法等，为封建社会的家庭教育提供了理论指导。

四、社会主义社会的家庭教育

社会主义社会生产资料主要以公有制形式存在，大部分生产资料为全民和集体所有，家庭的生产职能在一定程度上减弱了。随着科学技术和社会化商品生产的不断发展，社会对各类具有专业知识和劳动技能的劳动者需求越来越大。

然而，仅仅依靠家庭教育传承劳动技能已无法满足社会生产力发展的需求。因此，学校教育迅速普及和发展，成为培养各类专业人才的主要场所。

社会主义社会以社会教育的方式对全体成员进行教育，教育的内容更加丰富,场所更为广泛。与此相联系,家庭教育在传授生产技能和传播系统文化知识方面的职能减弱了,但家庭仍然是独立的消费单位,孩子仍然需要家庭教育的引导和影响。

因此,社会主义社会家庭教育仍然具有不可替代的重要作用。在孩子入学前,大部分时间是在家庭中接受教育的;入学后,虽然在学校接受教育,但家庭仍然是孩子生活的重要场所,需要家庭教育与学校教育的有机结合,对孩子进行全面的教育。孩子长大成人后,虽然逐渐独立,但仍然与父母保持联系,受到父母的影响,并在需要时得到父母的帮助。

因此,社会主义社会的家庭教育功能仍然十分重要,家庭教育在培养孩子的品德、价值观、情感等方面仍然发挥着重要的作用。同时,家庭教育也是学校教育的补充和延伸,对孩子的全面发展和社会适应能力培养有着不可替代的作用。

第二节　我国家庭教育的发展现状与发展趋势

一、家庭教育的现状

随着社会发展和科技进步,家庭教育面临着新的机遇和挑战。当前,家庭教育现状呈现出以下几个方面的特点。

(一)家庭教育观念的更新

随着社会的进步和教育改革的推进,家长的教育观念不断更新,越来越多的家长认识到,家庭教育不仅要关注孩子的知识学习和技能培养,更要关注孩子品德、情感、社交等方面的综合培养。家长开始注重培养孩子的独立思考能力、创新精神和实践能力以及良好的品德和行为习惯。

同时,家长也逐渐意识到自身在教育过程中的责任和作用。他们对孩子的教育不再单纯依赖学校或培训机构,而是主动承担起家庭教育的职责,与孩子一起面对成长路上的挑战和困难。

（二）家庭教育方式的多样化

随着科技的发展和教育资源的丰富,家庭教育的方式和手段也呈现出多样化的趋势。家长可以通过阅读、讲座、网络课程等多种途径获取教育知识和方法,结合孩子的实际情况和兴趣爱好采取灵活多样的教育方式。

一些家长通过亲子阅读、手工制作、户外活动等方式培养孩子的阅读兴趣和实践能力;一些家长利用互联网资源,引导孩子进行在线学习、参与社会实践等。这些多样化的教育方式不仅丰富了家庭教育的内涵,也提高了家庭教育的效果和质量。

（三）家庭教育内容的丰富性

当前,随着社会对人才需求的多元化,家庭教育内容也在不断扩展和深化。德、智、体、美、劳五个方面已经成为家庭教育的基本框架,涵盖了孩子成长的各个方面。

在德育方面,家长注重培养孩子的道德品质和价值观。他们通过言传身教,引导孩子树立正确的道德观念,懂得尊重他人、关心他人、帮助他人。在智育方面,家长注重培养孩子的知识学习和思维能力。他们不仅关注孩子在学校的学习成绩,还鼓励孩子参加各种课外学习活动,如阅读、写作、数学竞赛等,拓展孩子的知识面,提升思维能力。在体育方面,家长注重培养孩子的身体素质和运动能力,他们鼓励孩子参加各种体育运动和健身活动,如游泳、篮球、跑步等,增强孩子的体质和运动能力。在美育方面,家长注重培养孩子的艺术素养和审美能力,他们鼓励孩子参加各种文艺活动和艺术课程,如音乐、舞蹈、绘画等,提升孩子的艺术素养和审美能力。在劳动方面,家长注重培养孩子的劳动意识和实践能力。他们引导孩子参与家务劳动和社会实践,如做家务、社区服务等,培养孩子的劳动意识和实践能力。这些丰富的家庭教育内容有助于孩子的全面发展。通过德、智、体、美、劳的全面培养,孩子能够更好地适应社会的发展需求,成为具有全面素质的人才。同时,这些丰富的家庭教育内容也能够促进家庭成员之间的互动和交流,增强家庭教育的效果。

(四)家庭教育环境的改善

随着社会的进步和经济的发展,人们的生活水平逐渐提高,教育观念不断更新,家庭教育环境也得到了极大的改善。许多家庭为孩子提供了良好的学习环境和生活条件,这些条件的改善为孩子的学习和成长提供了有力的支持。

首先,家庭学习环境的改善为孩子提供了宽敞明亮的学习空间。过去,由于住房条件的限制,孩子只能在拥挤的房间里学习。如今,随着生活水平的提高,许多家庭都为孩子提供了专门的书房或学习区域,这些空间不仅宽敞明亮,而且配备了许多有利于学习的设施,如书桌、椅子、台灯、电脑等。这样的环境能够让孩子更加专注地学习,提高学习效率。

其次,家庭生活条件的改善为孩子提供了更好的营养和健康保障。许多家庭注重孩子的饮食健康和营养均衡,为孩子提供各种营养丰富的食物。此外,家长们还关注孩子的身体健康和锻炼,鼓励孩子参加各种体育运动和户外活动,增强孩子的体质和免疫力。这些措施能够保障孩子的身体健康,为他们的学习和成长打下坚实的基础。

最后,家庭教育观念的更新为孩子提供了更多的学习资源和机会。许多家长意识到家庭教育的重要性,开始注重培养孩子的自主性和创造性思维。他们鼓励孩子参加各种课外学习活动和兴趣班,如音乐、舞蹈、绘画、编程等,拓展孩子的知识面,培养孩子的兴趣爱好。这些学习资源和机会不仅能够提高孩子的综合素质,还能够增强他们的自信心和竞争力。

尽管家庭教育发展呈现出许多积极的趋势,但也仍存在一些问题和挑战。

一方面,一些家长过于注重孩子的学习成绩和竞争力,将大量的精力和资源投入到孩子的学业上,忽视了孩子的身心健康和全面发展。这种"唯成绩论"的做法会导致孩子在成长过程中出现身体状况不佳、心理压力过大、社交能力不足等问题。同时,过度强调学业成绩也会增加孩子的压力和焦虑,阻碍他们的兴趣爱好和个人发展。

另一方面,家庭教育过程中存在的情绪问题也不容忽视。一些家长存在焦虑、急躁等情绪问题影响教育方法和效果。一些家长因为过度焦虑而采取过于严厉的管教方式，导致孩子产生逆反心理或自卑感。此外，家长的情绪问题也会影响家庭氛围，使孩子感到紧张和不安。

为了解决这些问题，需要进一步加强对家庭教育的引导和支持。首先，政府和社会应该提供更多的家庭教育指导和培训，帮助家长树立正确的教育观念，掌握适当的教育方法。这些指导和培训包括如何平衡学业成绩和孩子的全面发展、如何管理情绪以及如何与孩子建立良好关系等方面。其次，学校应该在家庭教育中发挥更大的作用，通过与家长的沟通和合作，共同促进孩子的全面发展和健康成长。

此外，家长也应该自我反思和提升，学习更多的家庭教育知识和技巧，关注孩子的身心健康和全面发展，而不是仅仅注重学业成绩；同时，学会管理自己的情绪，避免因情绪问题影响家庭教育和孩子的成长。

二、家庭教育的发展趋势

家庭教育作为所有教育的基石，将会以无比旺盛的生命力繁荣发展。基于家庭的发展趋势和人们家庭观念的持续更新，我们对未来家庭教育演变趋势进行如下预测。

（一）家庭教育育人观转变

家庭教育的目标将从狭隘、片面的育人观念中解放出来，从单纯注重智能开发，抑或单纯为着"光宗耀祖""显亲扬名"的治家型育人观，转变为"为国教子"的报国型育人观。这种转变意味着家庭教育将不仅仅关注孩子的学业成绩和竞争能力，还注重培养他们的道德品质、审美能力、社交技能等，更加注重孩子的全面发展。

"为国教子"报国型育人观指导下的家庭教育将更加注重培养孩子的爱国情怀和社会责任感。家长将引导孩子关注国家的发展和社会的进步，鼓励他们积极参与社会公益活动和志愿服务，培养他们的社会责任感和奉献精神。

此外，随着全球化的加速发展，国际交流和跨国合作日益频繁，家庭教育还将更加注重培养孩子的国际视野和跨文化交流能力，帮助他们未来更好地适应全球化的发展趋势。

（二）出现家庭教育新模式

家庭教育将从非科学状态转为具有独立的理论体系、方法体系的科学化领域。这种转变意味着家庭教育将摆脱过去缺乏科学依据和理论支持的状态，形成一套系统化、规范化的教育理论和方法体系。

在内容上，家庭教育将更加注重科学性和规范性。家长将根据孩子的年龄、性格、兴趣等因素制定科学合理的教育计划和目标，确保孩子在德、智、体、美、劳等方面得到全面培养。同时，家庭教育也将注重教育内容的更新和调整适应现代社会发展的需要。

在方式上，家庭教育将更加注重开放性和民主性。家长将更加注重与孩子的沟通和互动，尊重孩子的个性和兴趣，引导他们自主思考和决策。同时，家庭教育也将注重与学校、社会等其他教育机构的合作和交流，形成教育合力，共同促进孩子的健康成长。

在方法上，家庭教育将更加注重科学性和创新性。家长将采用科学的教育方法和手段激发孩子的学习兴趣和创造力。同时，家庭教育也将注重教育方法的更新和创新，以适应现代社会发展的需要。

（三）强有力的家庭教育政策保障和支持

政府对家庭教育的重视程度不断提高，将出台一系列政策和措施引导和支持家庭教育的发展。这些政策的实施为家庭教育发展提供有力的保障和支持。政府设立家庭教育指导机构为家长提供专业的培训和咨询服务。这些机构通常由教育专家、心理学家、社会工作者等组成，通过提供个性化的指导和建议，帮助家长更好地理解和应对孩子成长过程中的各种挑战，提高家长的家庭教育意识和能力，促进孩子的全面发展和健康成长。

此外，政府还通过其他方式支持和引导家庭教育的发展。政府可以与学校、社区等合作共同开展家庭教育活动，提高家长们的家庭教育意识和能力；政府还可以通过媒体宣传、公益广告等方式普及家庭教育知识，提高社会对家庭教育的关注度和重视程度。

第三节　国外家庭教育思想及经验借鉴

一、日本的家庭教育

日本是我国的邻国，位于我国东部，与我们隔海相望。自古以来，日本与中国的文化交流频繁，特别是在我国隋、唐时期，中国文化对日本产生了深远的影响，不仅体现在艺术、建筑、文字等方面，更重要的是其对儒家文化的接纳与传承。儒家思想的家庭观念在日本得到了广泛的传播。因此，与中国一样，日本也形成了重视家庭教育的优良传统。

1868 年明治维新后，日本开始大量吸收西方文明，学习西方的科技、文化、教育等各方面的知识。然而，在吸收外来文化的同时，日本始终保持着对本国国情的关注，始终将家庭教育放在教育体系的重要位置。这种既开放又保守的教育观念使得日本在家庭教育方面形成了独特的风格。

（一）重视儒家文化

一千多年前，中国的儒家文化经朝鲜传到日本。这一重要的文化交流为日本的家庭教育奠定了基础，并产生了深远的影响，儒家文化中的尊老爱幼、谦逊有礼等家庭观念得到广泛的传播。

明治维新以后，虽然日本开始大量吸收西方文明，但是在吸收西方文化的同时，始终将儒家文化视为重要文化遗产而加以保护和传承。在日本现代化进程中，儒学始终受到重视，成为日本文化不可或缺的一部分。

第二次世界大战后，日本文化呈现出多元化的状态，既接受欧美的资产阶级民主思想，又保留着儒学的影响。日本的家庭教育也受到了西方文化的影响，但儒家文化传统根深蒂固。日本的父母们依然重视用儒家伦理思想教育自己的子女，认为这是培养孩子品德和人格的重要方式。

（二）实行妇女结婚退职制度，有力地保障着家庭教育

明治维新后，随着西方资本主义文明的逐步渗透，日本社会发生了巨大的变革。妇女的社会地位逐步提高，开始取得了受教育的权利，并在社会上有了在企事业单位谋取职位的工作机会。这是一个显著的进步，标志着妇女开始走出家庭，参与到更广泛的社会活动中。然而，当时的日本社会出现了一个特殊的现象：妇女在结婚后便辞去工作回到家中专门料理家务和教育孩子。这就是日本所特有的"妇女结婚退职"现象。这种现象在日本长盛不衰，从一定角度看，这也是日本重视家庭教育的产物和突出表现。

在日本，职业女性一旦结婚生子，往往面临着辞职的压力。政府鼓励女性回家带孩子，为全职在家的女性提供相应的补贴，并减免丈夫的收入所得税。同时，丈夫所供职的公司也必须为全家购买相关的健康保险。这种政策环境使得许多女性在婚后选择成为全职主妇。20世纪五六十年代大约 90% 已婚妇女是全职主妇。

随着时间的推移和社会的发展，越来越多女性开始追求个人价值的实现，婚后坚持工作，甚至选择不生孩子。即便如此，目前仍有大约一半以上已婚妇女是全职主妇，其余的女性即使选择工作，也往往在孩子一岁以后再重新就业，而且通常是做兼职工作，以更好地平衡家庭和工作。

日本妇女结婚前享受接受各种学校教育的权利和机会，保证了她们具备较高的伦理道德水平和科学文化素质，帮助她们在婚后用科学的方法持家和教育子女，提高家庭教育的质量。

政府通过一系列措施对家庭教育予以支持，从制度上保障家庭教育的有效实施。

妇女一怀孕就到政府部门报备，为孩子建立相关档案。凭此档案可以到任何医院检查和生产。政府还设立了孕妇健康教室，每周有讲座介绍有关知识，专门的营养师定期上门指导孕妇的营养和健康状况。这些措施确保孕妇和胎儿的健康状况得到及时关注和支持。

此外，政府机构还对家庭教育进行监控以确保质量。他们强制父母认真看护孩子并定期上门观察家庭环境是否适合孩子成长，家里是否有不适合孩子成长的人，测量孩子的身高、体重等发育指标。如果孩子生

病或受伤送到医院,政府机构就会怀疑父母对孩子照顾不周或有虐待孩子的行为。如果属实,政府就会把孩子保护起来,与家长隔离开,以确保孩子的安全和健康。

这一制度已经成为一种社会生活制度,既保证了日本家庭教育的质量,又确立了日本妇女在家庭教育中的突出地位。

（三）家庭教育与学校教育、社会教育有效配合

日本是一个高度重视教育的国家,其教育质量在世界上名列前茅。这一成就的取得与其对家庭教育的重视有着密切的关系。在日本,妇女结婚后往往会选择辞职,专注于家庭和孩子的教育。这种社会习俗和制度为日本提供了高水平的家庭教育,为孩子的成长和发展奠定了坚实的基础。同时,日本的学校教育也十分发达,其教育标准和要求非常严格。学校教育不仅注重知识的传授,还注重培养学生的品德和素质。这种高标准的教育需要与家庭教育紧密配合,才能确保教育质量的整体高水平。日本的学校教育体系与家庭教育相互支持,使得学生能够在德、智、体各方面得到全面发展。

为了鼓励妈妈在家看护孩子,并做好家庭教育工作,日本的幼儿园数量相对较少。因为日本社会普遍认为,母亲是孩子最重要的教育者之一,政府和教育机构也支持这一观念。

由于幼儿园数量有限,收入高的家庭需要支付高额的费用才能让孩子入园,费用可能高达每月数万日元,甚至更高。此外,日本几乎没有全托幼儿园,主要是半日制幼儿园。即使是全日制幼儿园也需要家长提供许多证明文件,以确保家庭能够承担起孩子教育的责任。

在日本,幼儿园教育活动与家庭教育紧密配合。幼儿园课程涵盖了各种领域,包括语言、数学、科学、艺术、体育等,旨在培养孩子的全面素质,使他们能够在未来的学习和生活中更好地适应社会。

此外,日本幼儿园还注重与家长的沟通和合作。家长可以参与幼儿园的教育活动,与老师一起关注孩子的成长和发展。例如,一些幼儿园会组织亲子活动,让家长和孩子一起参加运动会、手工制作等各种活动。

孩子年幼时,即使送入幼儿园,父母也必须承担起教育责任,不仅需

要关注孩子的身体健康和营养需求,还需要关注孩子的心理发展和情感需求。

就社会教育方面来看,日本有健全的法律和机构保护和教育青少年。日本于1948年7月15日公布了《日本少年法》,为保护和教育青少年提供了重要的框架和指导。

为了落实《日本少年法》,日本设立了少年院和家庭裁判所等机构。少年院是国立机构,旨在收容和改造那些由家庭裁判所解送来的受监护处分的青少年,为他们提供文化教育和职业教育,目的是帮助他们更好地适应社会,能够在未来成为有贡献的社会成员。

在少年院,教育课程根据学生的年龄和需求进行设计。这种有针对性的教育方式能够更好地满足青少年的需求,帮助他们获得更好的发展。

为了确保教育的有效性,少年院对被收容者的操行和学习成绩进行评估,表现优秀者给予奖励,违反纪律的学生会受到惩罚,确保教育环境的秩序和规范。当少年院认为被收容者已经达到改造目的时,会向地方更生保护委员会申请退院,帮助他们融入社会。

日本的家庭裁判所是基层专门法院,负责审理和调解家庭案件以及少年保护案件,这些案件涵盖了与家庭、青少年有关的各种问题,如家庭纠纷、青少年越轨行为、青少年犯罪等。家庭裁判所的设立为青少年提供了法律保护和社会救济的途径,使得他们能够在家庭和学校之外得到更多的关注和支持。

(四)整个社会重视和关心家庭教育

日本社会对孩子的成长非常重视。人们普遍认为,为孩子提供优质的书籍和教育是至关重要的。因此,日本有着丰富的儿童书籍和教育资源,供家长和儿童进行订阅和购买。此外,家庭教育在日本普遍受到政府、社会和家庭的重视。政府通过制定相关政策和法规支持和促进家庭教育的发展,社会上有许多专业机构和组织提供专业的家庭教育知识和技能,帮助父母更好地培养和教育自己的孩子。

在这些专业机构,父母可以学到如何更好地与孩子互动、沟通,如何引导孩子健康成长,以及如何培养孩子的品德等方面的知识和技能。

值得一提的是,日本父母在教育理念上更注重品德教育。他们认为,教育不仅仅是知识的传授,更重要的是培养孩子的品德,让他们成为有责任感、有担当的人。因此,在日本的教育体系中,德育占据了非常重要的地位。

日本家长极其关注非智力因素的培养。他们深知,除了智力因素外,孩子的个性、情感、态度和价值观等非智力因素同样对孩子的成长和发展具有重要影响。

绝大部分家长认为,教育孩子做任何事要持之以恒是非常重要的,成功往往来自于持之以恒的努力和坚持。因此,他们会鼓励孩子在学习、生活中保持耐心和毅力,不轻易放弃。

此外,很多家长强调要教育孩子树立足够的自信心,他们认为自信心是一个人成功的关键。通过鼓励、肯定和支持,家长可以帮助孩子建立自信,更好地面对挑战和困难。

同时,家长也注重培养孩子做事有计划的习惯。他们认为“凡事预则立,不预则废”,通过制定计划和目标,孩子可以更好地管理时间和资源,提高效率。

日本父母注重对孩子的实际锻炼,认为通过实践锻炼孩子可以更好地掌握生活技能,培养独立自主的品质。因此,在日本街上,经常能看到大人、孩子每人背一个包,甚至刚会走路的孩子也背一个小包,里面装上自己的衣服、水、奶瓶、尿布等物品。这种做法从小就让孩子学会自己的事情自己做,不要依赖他人。

除了日常生活中的锻炼,越来越多的城市儿童在父母和有关社团的帮助下,选择离开父母和家庭到边远的农村、渔村等地区的学校求学。他们会在那里度过一段艰苦的生活,体验农村、渔村的生活方式,锻炼独立生活能力。这些孩子在农村、渔村等地区会接触到不同的环境和文化,学会与不同的人相处,学会独立解决生活中的各种问题。这样的锻炼不仅可以培养孩子的独立生活能力,还可以提高他们的适应能力和心理素质。

二、美国的家庭教育

(一)重视家庭教育的理论研究

美国在家庭教育领域也取得了显著的成果,其中,芝加哥大学的教授特孟的研究尤为引人注目。他深入探讨了资质优异儿童的发展轨迹，并惊奇地发现，这些孩子后天的成就与父母的教养方式有着密切的联系。这一发现为我们揭示了家庭教育在孩子成长过程中的巨大作用。

特孟教授指出，良好的教养是孩子取得成就的重要基础。这一观点为我们指明了家庭教育的方向和目标。然而，良好的教养并非一蹴而就，它需要父母在日常生活中，通过点点滴滴的教导和示范，为孩子树立正确的价值观和行为准则。

在深入研究家庭教育的过程中，特孟教授还将父母的教养方式分为了三种类型：放任式、权威式和民主式。

具体来说，放任式的教养方式要求父母在孩子的成长过程中给予充分的自由，允许他们自由发挥和探索。这种方式可能会使孩子更加富有创造力和想象力，但同时也可能导致他们缺乏纪律和责任感。

权威式的教养方式则强调父母的权威和主导地位，要求孩子服从父母的意愿和决策。这种方式可能会使孩子更加守纪律和顺从，但也可能抑制他们的独立性和创造力。

民主式是一种积极的教养方式。在这种方式下，父母对待子女既恩威并济，又宽严兼施。他们尊重孩子的兴趣和需求，满足其合理的要求，并鼓励孩子独立处理自身事务。这种教养方式有助于建立亲密的亲子关系，使孩子更加自信、独立和善于适应生活。

相比之下，民主式的教养方式则更加注重父母的引导和支持作用。它要求父母在尊重孩子的基础上，与他们共同制定规则和决策，鼓励他们积极参与家庭事务和社交活动。这种方式既能够培养孩子的独立性和责任感，又能够保持亲密的亲子关系。

这些家庭教育科学研究成果不仅为家庭教育实践提供了科学的指导，还有助于形成正确的家庭教育观念。通过学习美国家庭教育方面的经验和成果，我们可以更加深入地了解家庭教育的重要性，并掌握正确的家庭教育方法。这对于促进孩子的成长和发展具有重要意义。

（二）强调父母在家庭教育中的作用

美国人认为父母在孩子成长过程中起着至关重要的作用。为了对孩子产生积极的影响，父母必须从教育的角度出发，提高自觉性和主动性，扮演合适的角色，才能完成教子成长的使命。美国家庭教育观念认

为父母应该成为孩子的良师益友,引导他们走向正确的道路。父母应该
了解孩子的需求和兴趣,为他们提供适当的指导和支持。同时,父母还
应该以身作则,成为孩子的榜样,通过自己的行为和言语影响和塑造孩
子的价值观和行为习惯。这种教育观念强调父母与孩子之间的互动和
沟通,鼓励孩子独立思考和自主行动,培养他们的自尊心和自信心。这
种教育有助于培养出有责任感、独立性和创造力的优秀人才。

美国人强调父亲的作用,要求父亲不仅在教育孩子的时间上有所增
加,还要从妻子怀孕就开始参与胎教。

与母亲相比,父亲通常会更多地与孩子游戏、互动,更注重与孩子的
动作交往。这种互动方式对孩子更有吸引力,让他们感到安全和受到保
护。父亲参与家庭教育对培养孩子的优秀品格也是不可或缺的,并且通
过更多地参与家庭教育,父亲自身也受到感染,开始承担更多家庭教育
责任。

关于母亲对孩子的教育,专家总结出五大技巧:

第一,母亲需要根据孩子的年龄改变自己的行为。每个孩子在不同
的年龄段都有不同的需求和特点,母亲需要根据孩子的成长阶段调整自
己的教育方式。孩子年龄较小的时候需要更多的照顾和呵护,随着孩子
年龄的增长,母亲需要逐渐放手,让孩子学会独立和自主。

第二,母亲需要耐心地对待孩子的问题。在成长过程中孩子会遇到
很多问题和困惑,母亲需要耐心地倾听孩子的想法和感受,并给予积极
的回应和指导。同时,母亲也需要以身作则,通过自己的言行影响孩子,
让孩子学会正确的行为和价值观。

第三,母子间的双向互动是非常重要的。母亲需要了解孩子的需求
和感受,同时也需要让孩子了解自己的想法和期望,与孩子建立亲密的
联系。这种双向互动可以促进母子之间的理解和信任,让孩子感到被关
心和重视。

第四,严厉制止孩子间的越轨行为是必要的。在成长过程中,孩子
难免会遇到一些不良行为,母亲需要及时发现并制止这些行为,让孩子
明白哪些行为是正确的,哪些行为是不正确的。同时,母亲也需要给予
孩子适当的奖励或惩罚,让孩子学会承担责任和后果。

第五,爱的技巧是将孩子作为唯一的关爱体。母亲需要给予孩子充
分的关注和爱护,让孩子感受到自己的重要性。同时,母亲也需要尊重
孩子的个性和需求,让孩子感受到被理解和尊重。这种爱的技巧可以让

孩子更加自信和独立,更加懂得感恩和珍惜。

在女儿的教育,特别是青春期教育阶段,母亲的影响非常大。因此,美国政府提倡建立恰到好处的母女关系,母女形成朋友关系,保持终身友谊是非常重要的。这种关系可以让孩子在成长过程中得到更多的支持和帮助,也可以让母亲更好地了解孩子的内心世界和需求。

(三)重视理财能力的培养

美国家庭非常重视孩子理财教育,一般通过六个环节培养孩子的理财品质和能力。

第一,美国家庭会让孩子学会花钱,懂得管理和计划。他们要求孩子制定和执行预算,学会购买和退货,预防受骗。这样可以帮助孩子理解金钱的价值,培养他们的经济意识和决策能力。

第二,美国家庭会让孩子学会赚钱,靠自己的劳动获得收入。父母会给孩子一些零花钱,但主要鼓励孩子自己打工赚钱。这样可以让孩子明白金钱的来之不易,培养他们的独立性和责任感。

第三,美国家庭会让孩子学会存钱。他们会教育孩子如何设立储蓄账户,如何制定储蓄计划,以及如何合理使用储蓄资金。这样可以培养孩子的理财规划和储蓄意识。

第四,美国家庭会让孩子学会奉献。他们认为钱可以捐赠给那些不能获得生活必需品的人,让孩子懂得帮助他人就是帮助自己,成为一个有同情心和责任感的人。这样可以培养孩子的社会责任感和爱心。

第五,美国家庭会让孩子学会恰当地借钱,包括从哪里借钱和向什么样的人能借到钱,同时要了解信用卡和抵押贷款。这样可以让孩子明白借贷的风险和责任,培养他们的风险意识和决策能力。

第六,美国家庭会让孩子学会使钱增值,参与收藏、储备券、股票、债券等。这样可以让孩子了解投资的基本知识,培养他们的投资理财能力。

除了以上六个环节的理财教育,美国家庭还注重培养孩子的理财品质,如金钱面前应当诚实,金钱面前要有自尊,认识每件东西的价值,俭朴节约是美德,时间就是金钱,乐于为人服务,学会保护自己的权利,正确决策把握理财机遇,成功在于真正实现自己的价值等。这些品质的培养对孩子未来的经济生活和人生发展都具有重要的意义。

（四）注重开启孩子心智

美国家庭教育中注重对孩子注意力、创造力和阅读能力的培养,认为这是开启孩子心智的重要方面。

1.培养孩子注意力

培养孩子的注意力需要注意两个方向的要点。

首先,培养自制力是提升注意力的一个重要支撑点。孩子的自制力是他们能否集中注意力、持续努力的关键。在孩子专心做一件事时,无论是父母还是其他人都应该尊重他们的专注,避免打断他们。即使孩子正在进行的活动可能在看来并不合理或者不重要,也不应该用表扬或者批评来干扰他们的注意力。当孩子思考问题时,不应该因为担心他们解决不了而主动帮助他们,而是应该让他们集中注意力自己思考。当孩子主动寻求帮助时,可以给予他们一些指引,但不是直接告诉他们答案,这样可以帮助他们自己思考并解决问题。当孩子专心、注意力集中地完成了一项活动时,应该给予表扬,帮助他们在下一次活动中更加专注并养成习惯。

其次,培养兴趣是增强和保持注意力的主要因素。孩子的兴趣是他们集中注意力的源泉,只有对某件事情感兴趣才会更加专注和努力。因此,应该鼓励孩子尝试各种活动和学科,发现他们的兴趣,并尽可能地提供相关的资源和支持。当孩子对某件事情产生兴趣时,他们会自然而然地投入更多的注意力和精力。同时,也应该尊重孩子的兴趣和选择,不要强迫他们做自己不喜欢的事情。

2.培养孩子创造力

美国学者认为,创造力的培养并非一蹴而就,而是来自日常生活中的一点一滴,父母在培养孩子创造力方面扮演着至关重要的角色。他们需要鼓励孩子"异想天开""胡思乱想",这些看似无厘头的想法往往是创新的萌芽。

孩子经常会问"为什么",这一系列疑问正是独立思考的表现。每个问题都可能代表着他们对世界的探索和疑惑。父母要耐心地回答这些问题,并鼓励他们继续提问。这些没完没了的问题是他们今后创造的基石。

良好的家庭教育保护和引导孩子的好奇心。家长应该鼓励他们不仅仅接受答案,还要学会质疑和挑战既定的观点。孩子的想法可能看起来离奇或不合逻辑,但这都是他们独特视角和创新思考的体现。

家庭教育需要为孩子提供一个自由、宽松的环境,让他们可以自由地表达自己的想法和疑问。应当尊重他们的独特性,鼓励他们走出舒适区,尝试新的事物,挑战自己的极限。同时,也需要为他们提供足够的信息和资源,帮助他们实现自己的创意和想法。

创造力的培养需要时间和耐心,只要坚持鼓励和支持孩子的独特性和疑问,他们就有可能成为未来的创新者和领导者。因此,家长应该重视并引导孩子的创造力,为他们提供必要的支持和鼓励,让他们在探索和创新中成长。

3. 培养孩子阅读能力

美国人深信阅读对孩子成长有深远的影响。他们认为,阅读不仅有助于开启孩子的智慧,还能培养他们的想象力、创造力和注意力。在家庭中,阅读被视为一种重要的教育方式,家长积极倡导孩子阅读以充实他们的内心世界,拓宽他们的视野。

同时,阅读也可以帮助孩子延长注意力集中的时间,提高他们的专注力和耐心。

更为重要的是,阅读还可以培养孩子健康的性格。通过阅读不同类型的书籍,孩子可以接触到不同的人物、事件和情境,学习到如何应对生活中的挑战和困难,有助于他们树立积极、乐观的人生态度,培养独立、自信的品质。

因此,美国家庭把阅读被视为一种非常重要的教育方式。家长会为孩子选择适合他们年龄和兴趣的书籍,陪伴他们一起阅读,分享阅读的乐趣。同时,家庭也会为孩子创造一个安静、舒适的阅读环境,让他们可以专心致志地投入到阅读中。

通过这种方式,美国家庭成功地培养了孩子们的阅读兴趣和习惯。

（五）独特的家庭教育观念

美国的家庭教育观念比较独特。

1. 重纵向比较,轻横向比较

美国家庭教育中更倾向于关注孩子个人成长的垂直进步,而不是过度强调与他人的横向比较。在教育孩子时,家长可能更注重孩子相对于自己过去的表现如何提高,而不是孩子与同龄人相比如何。

这种教育方式认为,每个孩子都是独特的,他们的发展节奏和兴趣也各不相同。通过强调个人成长和自我改进,孩子可以根据自己的兴趣和能力发展,从而建立自信和自我价值感,这对他们的长期发展更为有益。

在实际应用中,美国的家庭和教育机构可能会采取以下措施来支持这种教育理念。

（1）强调个性化学习。家长和教师鼓励孩子根据自己的兴趣和才能进行学习,而不是强迫他们与其他孩子竞争。

（2）设置个人目标。家长和教师帮助孩子设定个人学习目标,而不是将他们的表现与同龄人比较。

（3）鼓励自我反思。教育孩子去反思自己的学习过程和进步,而不是只关注分数和成绩。

（4）庆祝个人成就。对孩子的个人成就给予认可和庆祝,即使这些成就在群体中并不突出。

（5）提供多样化的学习资源。提供多种学习资源和途径,以适应不同孩子的学习风格和需求。

（6）强调努力过程。家长和教师更多地关注孩子的努力和进步,而不只是最终结果。

当然,这并不是说美国家庭和教育体系完全排斥横向比较或竞争;这样的比较有时也用来激励孩子们,但重点通常是帮助孩子们理解个人成长的重要性,而不是仅仅追求在群体中的地位。每个家庭在孩子教育中的具体做法可能会根据他们的价值观、教育认识以及孩子的个性不同而有所差异。

2. 重过程轻结果

美国的教育理念非常注重参与过程。他们认为,在各项活动中孩子的参与不仅可以帮助他们学习知识和技能,还可以培养他们的感受力。因此,学校和家庭都鼓励孩子积极参与各种活动,包括游戏、手工制作、科学实验、体育运动等。

他们相信,孩子在自由玩耍的过程中可以更好地发挥自己的想象力和创造力。因此,通常不会对孩子玩耍的方式和内容进行过多的限制和规定,而是让孩子自由选择自己感兴趣的活动。

在学习方面,美国父母也给予孩子更多自由想象的空间,鼓励孩子在学习中发挥自己的想象力和创造力,而不是仅仅接受书本上的知识。他们通常会为孩子提供多种学习资源,包括书籍、玩具、实验器材等,让孩子通过多种方式学习。

此外,美国父母还注重培养孩子的独立性和自主性。他们鼓励孩子自己解决问题,而不是总是依赖父母的帮助。他们相信,孩子在独立解决问题的过程中可以更好地锻炼自己的思考和解决问题的能力。

3. 尊重孩子活泼好动的天性

美国的教育观念非常尊重儿童活泼好动的天性。他们认为,孩子天生就是充满活力和好奇心的,这种天性应该得到充分的尊重和保护。因此,在教育过程中,他们鼓励孩子自由地表达自己的想法和感受,甚至在某些情况下,可以互相打闹和玩耍。

这种教育观念认为,活泼好动是孩子的天性,也是他们探索世界和学习的重要方式。通过打闹和玩耍,孩子们可以锻炼自己的身体协调能力、社交能力和解决问题的能力。同时,这种自由表达和互动的方式也有助于培养孩子的创造力和想象力。

4. 强调个人中心、自主意识

美国的教育属于个人中心型,重视个人、突出个人。这种教育观念强调孩子的个体行为和个体差异,认为每个孩子都是独一无二的个体,具有不同的兴趣、才能和潜力。因此,美国的家庭教育注重培养孩子的个性和独特性,鼓励他们自由选择和表达自己的想法和感受。

三、国外家庭教育中的合理因素对我们的启迪

为了推动我国家庭教育的改革,我们需要大胆地借鉴国外家庭教育中的有益元素,摒弃不合理的或过时的旧观念。在保留和传承传统美德和优秀经验的基础上提高家庭教育的水平和质量。

(一)吸收美国家庭教育方面的合理因素

美国的家庭教育重视对孩子的独立思考能力、自立能力和全面素质的培养,这种教育理念非常值得我们学习借鉴。

首先,美国注重培养孩子的独立思考能力。家庭教育中鼓励孩子提出问题、发表观点,引导孩子通过分析和思考找到问题的答案。这种教育方式有助于激发孩子的好奇心和求知欲,培养逻辑思维和创新能力。

其次,美国强调自立能力的培养。从小教育孩子学会自我管理和自我决策,培养责任感和自主性。通过让孩子参与家务劳动、规划自己的时间和活动等方式,帮助孩子形成独立生活的能力。

此外,美国家庭教育还注重全面素质的培养。鼓励孩子参加各种体育活动、艺术表演和社会实践,培养身体素质、审美能力和社会交往能力,帮助孩子发展多方面的才能和潜力,为他们未来成长打下坚实的基础。

(二)吸收日本重视母教的经验

母亲是孩子的第一个教育者,她们的言行、态度和价值观会深深地影响孩子。因此,提高母亲的育子能力和育子水平是提高我国家庭教育质量的关键。

日本对母教的重视已在全球范围内著称,他们在这方面的经验和成绩显著,极大地推动了日本教育水平的提升。这种对母教的重视并非偶然,而是深深根植于他们的文化传统和社会结构中。在日本,母亲被视

为孩子教育的第一任教师,她们的言传身教对孩子的成长有着深远的影响。

为了提高我国家庭教育的质量,特别是提高母教的质量和水平,我们需要从多个方面入手学习日本经验。

首先,加强对母亲的教育和培训是关键。通过开展各种形式的家长学校、母亲培训班等活动帮助母亲掌握科学的教育理念和方法,提高她们的育子能力。

其次,建立健全家庭教育支持体系,包括为家庭提供教育咨询、心理辅导等服务,帮助家庭解决教育过程中遇到的问题和困难。同时,通过开展家庭教育研究不断探索和总结家庭教育的规律和经验,为家庭教育提供科学指导。

最后,营造良好的家庭教育氛围也是提高母教质量的重要途径。通过加强家庭文化建设、推广家庭教育经验等方式,帮助家庭树立正确的教育观和人才观,营造良好的家庭教育环境。

(三)吸收日本社会教育与家庭教育协调配合的经验

日本不仅家庭教育措施得力,而且社会教育与家庭教育配合方面也做得非常出色。其成功的关键在于建立了一套完备的法规、制度和设施体系,专门针对越轨和犯罪青少年进行社会教育和社会控制。

这套体系功能齐备,配套完善,相互制约有力,能够在控制和改造越轨、犯罪青少年的同时,对家庭教育状况进行干涉和指导,不仅有效地对越轨青少年进行教育和挽救,还能在管教过程中保证他们的学业不受影响,进而促进家庭教育工作的改进和提高。

第三章

现代家庭教育的基本理念

在人类社会的繁衍生息中,家庭教育作为塑造个体品格的重要环节,一直占据着至关重要的地位。随着时代的变迁,家庭教育也经历了从传统到现代的演变。当今社会,家庭教育不再仅仅是家庭内部的私事,而是关系到个体成长、社会和谐与国家发展的重要事务。因此,理解并掌握现代家庭教育的基本理念,对于每一位家长和教育工作者来说,都是至关重要的。

第一节 现代家庭教育的目的

教育目的是所有教育活动的起始点和基础,而家庭教育目的则是家庭教育活动的起始点和依据,也是家庭教育实践的终极目标。它决定了家庭教育的方向,所有的家庭教育活动都是实现这一目的的过程。

一、家庭教育目的的含义

教育是人类特有的活动,具有明确的目的性。任何形式的教育活动都是基于一定目的进行的,没有目的的教育活动,不能称之为真正的人类实践活动,也就不能称之为教育。教育目的是指社会对教育所要培养的个体质量规格的总体设想或规定。

家庭教育作为教育的一种形式,同样具有明确的目的性。与学校教育一样,家庭教育在实施之前就有了一定的目的。家庭教育的目的主要是为了培养孩子的人格、品质和能力,使其成为符合社会期望的人。家长作为家庭教育的主体,对孩子人格、品质和能力的要求,虽然可能不如学校教育者那样清晰明确,但这并不意味着家庭教育没有目的。

家庭教育的目的并不是单纯存在与否的问题,而是存在正确与错误、明确与模糊之分。家长应该根据孩子身心发展状况和特点以及社会的需求和期望制定和调整家庭教育目的,确保其科学性、合理性和可行性。

二、家庭教育目的的意义

家庭教育目的的意义主要包括以下几方面(图 3-1)。

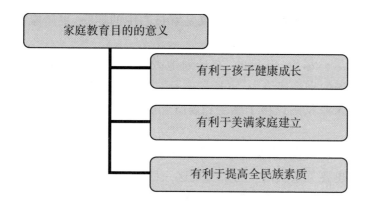

图 3-1　家庭教育目的的意义

（一）家庭教育目的关系孩子的前途和命运，有利于孩子健康成长

　　家庭教育是一种启蒙教育和终身教育相结合的教育形式。从孩子出生那一刻起，家庭教育便伴随其左右。孩子第一次学说话，第一次学走路，第一次懂得人生道理，这一切都是从家庭开始的。家庭教育为孩子奠定最初的人生基础，如同在一张白纸上画画，第一笔如何落笔、涂上什么颜色，都关系到整幅画作最终的呈现。

　　许多事实证明，有目的、有计划、科学合理的家庭教育对孩子的健康成长有积极的促进作用。良好的家庭教育能够为孩子树立正确的人生观、价值观和世界观，培养他们积极向上的心态和良好的行为习惯。相反，无目的或错误的家庭教育会缺乏明确的教育目标和计划，致使孩子在成长过程中缺乏正确的引导和支持，对孩子的成长产生负面影响，甚至可能导致他们走上错误的道路。

　　因此，家长应该认真思考和明确自己的家庭教育目的，确保其科学性、合理性和可行性。同时，家长也应该不断学习和探索适合自己孩子的教育方法，与孩子共同成长，为他们的未来发展奠定坚实的基础。

（二）家庭教育目的关系家庭幸福和团结，有利于美满家庭建立

　　教育孩子是每一位家长不可推卸的责任。家长深知，有目的地对孩子施加爱的教育，在孩子身上寄予殷切的希望，使他们在德、智、体、

美、劳各方面得到全面发展,不仅是家长心中的期盼,更是家庭幸福的体现。

家长尽心尽责、有目的、有计划地教育孩子是家庭幸福美满的关键。在和谐的家庭环境中,家长与孩子之间相互信赖、相互理解、相互尊重。这种家庭氛围让孩子感受到温暖和关爱,从而培养出健康、积极的心态。

对于家长来说,幸福美满的家庭不仅夫妻之间要和睦相处,家长和孩子之间也要关系融洽。为了实现这一目标,家长必须树立高尚的道德和生活目标,并对孩子有着明确、清晰的教育目的和要求。这样,家庭成员才能沐浴在温馨、幸福之中,共同得到德的升华、智的增益、体的锻炼、美的陶冶、劳的教育。相反,那些不幸的家庭往往源于家长自身没有高追求,对孩子没有明确的教育目的和要求。这样的家庭环境孩子无法得到正确的引导和培养,导致在成长过程中面临诸多困难。

由此可见,家庭教育的目的性是提高家庭教育水平的重要条件之一,关系到家庭的幸福美满与否。只有当家长明确了教育目的,有计划、有目的地培养孩子,家庭才能真正成为孩子成长的温馨港湾,共同创造幸福的未来。

(三)家庭教育目的关系社会进步和发展,有利于提高全民族素质

家庭教育的目的与社会进步和发展有着密切的关系。家庭教育是整个教育体系中的重要一环,不仅关乎个体的发展,对整个社会的进步也产生着深远影响。

首先,明确、积极的家庭教育目的能够培养具备社会责任感和公民素质的个体。当家长有意识地引导孩子关注社会问题、参与社会公益活动,或者培养孩子具备诚实、守信、尊重他人等基本道德品质时,孩子会逐渐形成对社会和他人的责任感,从而在未来的社会生活中发挥积极的作用。

其次,良好的家庭教育有助于提升全民族的素质。一个民族的整体素质是由其每一个个体所组成的。通过家庭教育培养具备良好道德品质、文化素养和行为习惯的个体,能够提升整个民族的素质水平,推动社会的进步和发展。

家庭教育目的与社会进步和发展是相辅相成的。随着社会的发展

和进步,对个体素质的要求也在不断提高。家庭教育需要跟上时代的步伐,不断调整和更新教育目的,培养适应社会需求的个体。同时,高素质的个体也能推动社会的进步和发展,形成良性循环。

三、确定家庭教育目的的依据

确定家庭教育目的的依据主要包括以下几方面(图3-2)。

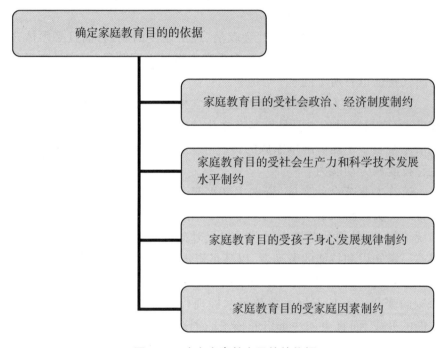

图3-2 确定家庭教育目的的依据

(一)家庭教育目的受社会政治、经济制度制约

家庭教育目的受社会政治、经济制度的制约。在特定的社会背景下,家庭教育的方向和目标也会受到相应的影响。

首先,社会政治制度对家庭教育目的的影响尤为明显。在某些政治体制下,家庭教育更加强调爱国主义、集体主义等价值观的培养,确保孩子在社会中有良好的政治意识和公民素质,而在其他政治体制下,家庭教育可能更注重个人主义、独立思考能力的培养,以培养具有创新精神和独立人格的个体。

其次,经济制度也对家庭教育目的产生影响。在市场经济环境下,家庭教育更加注重培养孩子的竞争意识和自我发展能力适应高度竞争的社会环境。而在计划经济体制下,家庭教育更注重培养孩子的团队协作精神和集体意识。

(二)家庭教育目的受社会生产力和科学技术发展水平制约

家庭教育目的不仅受到社会政治、经济制度的制约,而且必须体现生产力和科学技术的发展水平。在生产力发展不同阶段,家庭教育目的的时代特征也有所不同。

在以手工业为标志的封建社会,科学技术不发达,生产力水平相对较低,家庭教育目的主要是培养有文化的统治者和没有文化的劳动者。统治者希望孩子能够继承家族的传统和文化,而劳动者则更注重孩子的生存技能和劳动能力。

随着工业革命的发展,资本主义兴起,机器生产成为社会的主要生产方式。资产阶级要求孩子掌握科学文化知识,以更好地管理生产和掌握统治权,而且要让劳动人民孩子接受基础教育和职业技术教育,培养具有一定知识和技能的劳动者,以满足资本主义社会的生产需要。

如今,身处科学技术高度发展的信息时代,家庭教育目的也发生了深刻的变化。家长不仅要求孩子掌握现代科学文化知识,注重智力和才能的开发,而且更加注重培养孩子的创造力、竞争力等综合能力。父母希望孩子能够更好地适应社会,懂得生活的真谛,培养独立生活的能力。在这样的时代,家庭教育更加注重孩子的全面发展,既要求他们在顺境中健康成长,也教会他们敢于与命运抗争,勇于在逆境中奋进,在竞争中求生存、求发展。

(三)家庭教育目的受孩子身心发展规律制约

家庭教育是针对特定年龄段的人,不同年龄段的孩子有不同的身心发展特点和需求。

两三岁是孩子语言发展和学习使用工具的关键时期。这个阶段家庭教育的重点是保护和发展孩子的独立意识,规范他们的思想行为。家长特别需要耐心,不能急于求成。

到了六七岁,孩子的心理发展发生了重大转变。游戏不再是主导活动,学习逐渐成为主要任务,孩子开始真正的集体生活。这时,家长要帮助孩子适应新的集体生活,培养良好的学习习惯,以促进他们的身心发展。

进入青春期,孩子生理上第二性特征发育,心理上也发生巨大变化。青少年开始出现成人感,性格变得内向,进入闭锁性阶段。如果家长教育观念和方法仍然不变,可能导致教育失败。因此,家长的教育观念和方法需要有所调整,重点是帮助孩子将成人感转化为成熟。

对于成年后的孩子,家庭教育需要根据其个性特征进行,侧重于触动内心的感悟,帮助他们成熟和进步。

总之,家庭教育的目的必须遵循孩子身心发展的特点和个别差异。只有遵循这些规律和特点,才能真正促进孩子良好个性的发展,实现家庭教育的目标。如果离开或超越了这些规律和特点,家庭教育很可能会失败,家庭教育目的也就无从实现。

(四)家庭教育的目的受家庭因素的制约

家庭教育目的受家庭因素的制约,具体来说,主要包括以下几方面。

1. 家庭教育目的受家长思想、文化素质制约

家长的思想、文化素质在很大程度上决定了家庭教育的方向和深度,进而影响孩子的成长。思想、文化素质较高的家长往往具备开阔的视野和深邃的思考,能够深入理解社会的运作机制和发展趋势,清楚地认识到未来社会对人才的需求和标准。这样的家长在规划孩子的教育时,会有明确的目标和方向,不仅关注孩子知识技能的培养,更重视孩子道德品质、独立思考能力、创新精神等方面的培养。他们会以自己的经验和智慧为孩子提供富有启发性的指导和建议,帮助孩子在人生的道路上少走弯路。相比之下,思想、文化素质较低的家长对社会的复杂性和发展变化缺乏深入的理解和思考,他们可能更多地关注对孩子生活上的照顾和物质上的满足,忽视对孩子精神世界的关注和引导。这样的家庭教育往往缺乏深度和远见,会导致孩子在成长过程中缺乏明确的目标

和方向,面对人生的挑战和机遇时难以做出明智的决策。

因此,提高家长的思想、文化素质对家庭教育的质量至关重要。家长应该不断学习和思考,拓宽自己的视野和认知,以便更好地指导和引领孩子的成长和发展。同时,社会也应该提供更多的资源和机会,帮助家长提升自己的思想、文化素质,共同为孩子的成长创造一个更加有利的环境。

2. 家庭教育目的受家长的职业制约

从事不同职业家长的家庭教育价值观念对家庭教育目的的确立起着至关重要的影响。家长的职业背景和经验往往决定了他们对家庭教育的期望和方向。长期从事文化教育工作的家长,深知教育对于社会发展的重要性,认为教育工作对社会的贡献巨大,在社会中拥有重要的地位。因此,这些家长不仅自己终身致力于教育事业,也希望孩子能够继承他们的职业道路,具备从事教育工作的素质。他们会在家庭教育中强调知识、文化、教育等方面的培养,为孩子未来的教育事业打下坚实的基础。而在军队工作的家长更加注重孩子的纪律性、勇气和坚韧不拔的精神,认为军人的职业尽管工作辛苦且充满危险,但这是为了国家和人民的利益,是崇高的职业。因此,在确定家庭教育目的时,他们希望孩子能够成为勇敢的军人,具备军人的素质和责任感。在日常教育中,他们会注重培养孩子的纪律性、团队协作和自我牺牲精神,以适应未来军人的角色。

然而,也有一些家长对自己的职业不满意,在实践中形成不同的价值观念,为孩子制定不同的教育目标。这同样说明家长的职业对家庭教育目的的影响,尽管他们的价值观可能有所不同,但他们仍然希望通过家庭教育为孩子的未来做出有意义的贡献。

总的来说,家长的职业背景和价值观在很大程度上决定了家庭教育的目的和方向。这种影响是深远的,会直接影响孩子的发展。因此,家长应该认真思考自己的职业和教育观念,并以此为基础制定适合孩子的家庭教育计划。同时,社会也应该提供更多的资源和支持,帮助家长更好地履行家庭教育的职责。

3. 家庭教育目的受家长经历和对社会生活体验制约

作为孩子的教育者和生活引路人,家长在培养孩子过程中会不自觉地将自己的经历、社会生活体验以及在生活实践中形成的人生哲学融入教育目的中,这直接影响着家长希望将孩子培养成为什么样的人。

每个家长的人生道路都是独特的,充满了坎坷与平坦、成功与失败。这些经历不仅塑造了家长的性格和价值观,也深刻影响他们对孩子的教育期望和方式。经历过困难和挫折的家长会更注重培养孩子的坚韧品质和应对挑战的能力;事业有成的家长会更期望孩子具备领导力和创新精神。

家长的社会生活体验也会影响他们的教育目的。不同的社会环境、文化背景和经济条件会让家长对孩子的未来有不同的期待。在竞争激烈的社会,家长会更强调孩子的学术成绩和职业规划;在注重人际关系和社区参与的文化中,家长会更重视培养孩子的社交技巧和公民责任感。

此外,家长在生活实践中形成的人生哲学也会渗透到对孩子的教育中。这些哲学观念包括对人生意义、道德观念、成功标准等方面的理解。有的家长认为人生的价值在于追求幸福和内心的平和,更注重培养孩子的情商和心理健康;有的家长则认为人生的意义在于追求事业成功和社会地位,更强调孩子的学术和职业成就。

4. 家庭教育目的受家庭所处的社会环境制约

家庭所处的社会环境对家庭教育目的的确立和实施有着不可忽视的影响。不同的社会环境塑造家长不同的教育观念和期望,进而影响家庭教育的方向和重点。

生活在知识分子聚集环境中的家庭,家长通常更加重视孩子的教育和知识积累。他们认为孩子能够通过读书和接受高等教育获得更好的职业机会和社会地位。这样的家庭,家长会鼓励孩子努力学习,追求学术上的成就,并期望孩子将来从事脑力劳动。

相反,生活在较为贫困的农村家庭,家长会更加关注孩子通过升学或就业改善家庭的经济状况。他们认为离开农村是孩子改变命运的途径,因此更加注重孩子的升学教育和职业技能培养。这样的家庭,家长会鼓励孩子努力读书,争取考取好的成绩,以便获得更好的就业机会离开农村。

此外,生活在自然条件优越、经济发达、生活富裕地区的家庭,家长会更加注重培养孩子的理财能力和社交技能。他们认为具备理财能力和社交技巧对孩子未来发展至关重要。因此,这样的家庭家长会注重培养孩子的财务管理能力、沟通技巧和人际关系处理能力。

家庭所处的社会环境之所以对家庭教育目的有制约和影响作用,是因为特定的社会环境塑造了人们对生活和未来的不同期望和价值观。这种影响虽然不能直接支配家庭教育目的的确定,但也是不容忽视的因素之一。

四、我国家庭教育的目的

我国家庭教育目的是为国家和社会培养具有全面素质的未来人才。这一目标与当今社会和现代化建设的需求紧密相连,要求培养的人才具备多方面的素质和能力。

第一,家庭教育应注重培养孩子对中国共产党领导下的社会主义祖国的热爱。这种爱国情感是孩子成长为有责任感的公民的重要基础。家长应该通过家庭教育和日常生活中的点滴细节,引导孩子了解和认同祖国的文化、历史和社会制度,培养他们的民族自豪感和爱国情怀。

第二,家庭教育要帮助孩子懂得社会规范,追求社会目标,学会社会化的生活方式。这意味着家长应该引导孩子了解社会的基本规则和价值观,教育他们遵守法律、尊重他人、关心社会。同时,要鼓励孩子树立积极向上的生活目标,学会与人相处、合作和交流,以适应社会发展的需要。

第三,家庭教育要注重培养孩子的学习、劳动和生活能力。当今时代,学习能力的培养尤为重要。家长应关注孩子的学习兴趣和习惯,提供良好的学习环境和资源,引导他们掌握有效的学习方法。同时,要鼓励孩子参与家务劳动和社会实践,培养他们的劳动观念和实际操作能力。

第二节　现代家庭教育的任务

一、家庭教育基本任务的含义

家庭教育的基本任务在于,借助家庭这一特定的环境,通过家庭成员间的互动和交流激发家庭成员,特别是未成年孩子的主动性和创造性,促使他们全面提升个人素质,更好地融入社会生活,并为国家、民族的进步做出积极的贡献。

二、家庭教育基本任务的要求

父母和长辈不仅是孩子的监护人和教育者,更是孩子成长过程中的引导者和榜样。为了确保家庭教育的质量和效果,父母和长辈需要遵循一系列具体的要求。这些要求不仅涉及家庭教育的各个方面,还强调了家庭教育的重要性和特殊性。

第一,家庭教育应该重视培养家庭成员,特别是未成年孩子的思想品德。家庭是孩子成长的第一课堂,父母和长辈应该以身作则,引导孩子树立正确的价值观和人生观。通过日常生活中的点滴小事,培育孩子诚实守信、尊重他人、关心集体等良好品德,帮助孩子形成健全的人格和道德观念。

第二,家庭成员应该重视自身的学习和提高。父母和长辈要不断学习新知识、新技能,提高自身的素质和修养,为孩子树立榜样。同时,家庭也应该成为孩子学习的第二课堂,父母可以引导孩子养成良好的学习习惯和方法,培养孩子的自主学习能力和创造力。

第三,家庭教育要注重营造良好的家庭氛围。家庭成员之间应该建立和谐、友爱、平等的关系,营造一个宽松、愉悦的家庭氛围。这样有助于增强家庭的凝聚力和归属感,促进家庭成员之间的沟通和理解。同时,家庭还应该为孩子提供一个充满爱的成长环境,让孩子感受到家庭的温暖和支持。

第四,家庭教育要灵活多样,根据孩子的年龄、心理特征和个性特长进行有针对性的教育。父母和长辈要了解孩子的需求和兴趣,采用不同的教育方法和手段,激发孩子的学习兴趣和潜能。对于年龄较小的孩子,可以采用寓教于乐的方式,通过游戏、故事等形式进行教育;对于年龄较大的孩子,可以引导他们参与社会实践、志愿服务等活动,培养他们的社会责任感和实践能力。

第五,家庭教育应注重早期教育和智力开发。家长应该注重培养孩子的思维能力和创造力,通过启发式教育和引导,激发孩子的求知欲和探索精神。同时,还应该根据孩子的个性特点和发展潜力,有针对性地进行早期教育和智力开发,为孩子的未来发展打下坚实的基础。

第六,家庭教育应该注重培养孩子的非智力因素,如意志力、自信心、团队合作等。这些非智力因素对于孩子的成长和发展同样重要。家长可以通过鼓励、支持、引导等方式,帮助孩子树立正确的人生观和价值观,培养他们积极向上的心态和良好的行为习惯。

第七,家庭教育应注重健康教育。家长应该注重培养孩子的健康生活习惯和锻炼意识,帮助孩子养成良好的个人卫生习惯和运动习惯。同时,还应该关注孩子的心理健康,及时发现和解决孩子的心理问题,培养孩子积极向上的心态和良好的心理素质。

第八,家庭教育应注重家风、家规等家庭文化传统的传承。家长应该传承和弘扬优秀的家风、家规和文化传统,引导孩子树立正确的道德观念和文化价值观。同时,还应该注重家庭教育与社会文化的融合,让孩子了解和尊重多元文化和社会规范。

第九,家庭教育要特别关注和照顾有特殊情况,如有残疾、心理障碍等问题的孩子。家长应该根据孩子的特殊情况制定个性化的教育计划和方案,提供必要的支持和帮助,让孩子在家庭中得到更多的关爱和支持。

第十,家庭教育要注重劳逸结合。家长应该合理安排家庭生活和学习、娱乐、体育锻炼等时间,让孩子在紧张的学习之余得到充分的休息和放松。这样有助于提高孩子的学习效率和生活质量,促进孩子的身心健康和全面发展。

第三节 现代家庭教育的内容

　　随着时代的进步和社会的发展,家庭教育在培养孩子成长中的作用越来越重要。作为孩子最早的教育者和指导者,家长肩负着塑造孩子个性、品质和能力的重任。为了满足现代社会对人才的多方面需求,家庭教育的内容也在不断丰富和深化。

一、家庭的健康教育

(一)家庭健康教育的含义

　　家庭健康教育是指通过家庭生活安排,培养孩子的健康意识和行为,促进孩子的身心健康和全面发展。它不仅关乎孩子的身体健康,还涉及他们的心理健康、社会适应能力和道德伦理观念。

　　在家庭健康教育过程中,家长要了解孩子的身心发展特点和需求,为孩子提供适当的营养、运动、休息和医疗保健等方面的支持。同时,家长还需要关注孩子的情感需求,培养他们积极、乐观、自信的心态,帮助他们建立正确的人生观和价值观。此外,家庭健康教育还包括传授健康知识和技能,帮助孩子了解如何预防和控制常见疾病和健康问题。通过家庭健康教育,孩子可以建立健康的生活方式和习惯,提高自我保健能力,促进家庭和睦和社区的健康发展。

　　总之,家庭健康教育旨在促进孩子的身心健康和全面发展,帮助他们成为具备健康躯体和人格的人。通过家庭健康教育,可以提升整个家庭的生活质量和幸福感,为孩子的发展奠定坚实的基础。

（二）家庭健康教育的基本内容

概括来说,家庭健康教育的基本内容主要包括以下几方面(图3-3)。

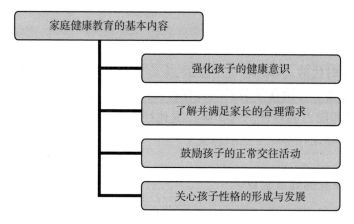

图3-3　家庭健康教育的基本内容

1.强化孩子的健康意识

家庭健康教育要让孩子充分认识到健康的重要性。健康不仅关乎个人的幸福和福祉,还对家庭、社会乃至国家的发展起到至关重要的作用。孩子需要明白,只有具备健康的身心,才能更好地应对生活中的挑战和压力,发挥自己的潜能,实现个人价值。

为了增强孩子的健康意识,可以通过多种途径获取身心保健的科学知识。读书、看报、交流等都是有效的学习方式。通过这些途径,孩子可以了解人体的奥秘、生长发育的过程以及如何预防疾病和保持卫生保健的常识。

家长应当传授给孩子安全知识和基本的安全技能,防止意外事故的发生。在孩子发育成长的过程中家长应当及时教给他们关于人体及其生长发育的知识,让他们学会爱护自己的身体,预防疾病和保持卫生保健。

总之,家庭健康教育是一个持续的过程,通过增强健康意识、传授健康知识和技能、注重身心健康等方式,促进孩子的全面发展,为家庭的幸福和社会的进步做出积极的贡献。

2. 了解并满足孩子的合理需求

需求是激发人的动机和引导行为的动力源泉。当需求得到满足时，人们会感到积极的情绪和体验，有助于促进个性的形成和发展。相反，当需求得不到满足时，人们会产生消极的情绪，影响个性的形成和发展。

在孩子的成长过程中，他们的需求会随着身心的发展而不断变化。家长应该了解孩子不同阶段的需求和期望，并尽可能地满足他们的合理需求。

家庭教育中家长应该根据孩子的身心发展特点和需求选择适当的教育内容和方法。在孩子早期阶段，他们可能更注重情感和安全感的需求，家长可以通过提供关爱和支持来满足他们的需求。随着孩子年龄增长，他们可能会对知识、技能和社会交往等方面产生更多的需求，家长可以提供相应的教育资源和机会来满足这些需求。

同时，家长也应该适时地提出明确的教育要求，引导孩子树立正确的价值观和人生目标。这些要求应该与孩子的身心发展特点和需求相适应，并能够促进他们的全面发展。

通过满足孩子的合理需求和提出明确的教育要求，家长可以帮助孩子更好地适应环境和成长发展。同时也能够增强家长和孩子之间的沟通和信任，促进家庭关系的和谐发展。

3. 鼓励孩子的正常交往活动

自出生起，人们便开始参与各种社会活动，与周围的人建立联系。社会交往是我们了解世界、获取信息、交流经验的重要途径。通过与他人的交往，我们不仅可以学习行为准则，还可以培养合作意识，增强性别和角色认同，并更好地认识自我。只有在正常的交往活动中，我们的身心才能得到健康的发展。

在相互交往中，孩子会模仿和学习彼此的行为，产生相互影响。这种影响有时是积极的，可以帮助他们学习新的技能、建立自信和培养良好的性格品质。然而，在复杂的社会生活中，有些家长会因为担心家长受到不良影响而限制他们的交往活动。这种过度保护会剥夺孩子学习和成长的机会,导致他们在社交能力、适应能力和心理健康方面出现问题。

因此,家庭教育中家长应该为孩子创造社会交往的条件,鼓励他们与同龄孩子开展有益身心的活动。通过参与社会活动,孩子可以建立良好的人际关系,培养社交技能和合作精神。家长还可以通过观察孩子的交往心态和问题,及时给予指导和帮助,解决他们在交往中遇到的困难。

4.关心孩子性格的形成与发展

性格是指一个人在态度和行为方面表现出的稳定、核心的个性特征,贯穿于生活的方方面面,影响着个人的精神世界。良好的性格是心理健康的重要标志,同时也能促进身心的健康。

孩子性格的形成和发展要经历三个阶段:幼儿时期,孩子的行为主要依赖于具体的生活情境,还没有形成稳定的态度和行为方式,因此行为相对容易塑造和改变;到学龄初期和学龄中期,孩子开始形成较为稳固的行为习惯,性格的塑造变得更加困难;到了青年期,个体的行为已经受到自觉意识的支配和制约,稳定的态度和行为习惯已经基本形成,这时性格的改造更加不易。

因此,家庭教育中家长应该特别重视孩子早期性格的培养。这需要在日常生活中家长以身作则,为孩子树立良好的榜样,培养他们积极、乐观、自信、坚韧等优良的性格品质。同时,家长还需要关注孩子的情感需求,培养他们的同理心和社交能力,帮助他们建立健康的人际关系。

通过早期的性格培养和引导,孩子可以更好地适应未来的挑战和压力,增强自我调节能力,从而促进身心的健康发展。这对于他们未来的成长和发展具有重要的意义。

二、家庭的情感教育

(一)家庭情感教育的含义

家庭情感教育是指家长通过引导与教育,帮助孩子形成丰富、健康、和谐的情感体验和情感表达方式的过程。家庭情感教育对孩子的成长和发展具有至关重要的作用。在和谐、关爱、支持的家庭氛围中成长起来的孩子,往往能够形成积极、健康的情感和性格,从而能够更好地应对生活中的挑战和困难。

(二)家庭情感教育的主要内容

家庭情感教育的主要内容如图 3-5 所示。

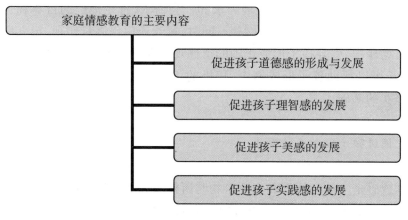

图 3-5　家庭情感教育的主要内容

1. 促进孩子道德感的形成与发展

道德感是一个人内心对他人或自己行为的道德评判所产生的情感体验。这种情感的产生通常是因为他人的行为或自己的行为符合或不符合自己所持的道德标准。当有人对我们做了好事,我们会产生感激之情,因为我们认为这是一种符合道德的行为;反之,如果做了错事,我们会感到内疚,因为我们认为这是不符合道德的。

道德感是一个非常复杂的情感体验,不仅涉及对行为的直接判断,还涉及个人的价值观、信仰和道德观念。因此,道德感是因人而异的,每个人对同一行为的道德评判可能会有所不同。

对孩子来说,他们的道德感发展与心理需求和社会需求的满足程度密切相关。当他们的社交活动得到满足,自尊和自信得到肯定,他们的求知和求美的愿望得到理解和支持时,他们会更容易产生积极、奋进的情绪体验。这种积极的情绪体验有助于他们形成良好的道德观念和道德情感,如义务感、良心感、荣誉感等。

家长在孩子道德感的培养中扮演着至关重要的角色。家庭的氛围,尤其是父母之间的关系对孩子的道德感形成具有显著的影响。一个充满温馨和睦气氛的家庭环境可以为孩子的道德感发展提供积极的支持和引导。相反,父母不和或分居离异等不良的家庭环境会对孩子的道德感发展产生负面影响。

因此,为了培养孩子健康的道德感,家长应该努力营造一个和谐、积极的家庭氛围,关注孩子的心理需求和社会需求,肯定他们的自尊和自信,支持他们的求知和求美的愿望。同时,家长还应该以身作则,树立良好的道德榜样,引导孩子形成正确的道德观念和行为习惯。通过这些努力,家长可以帮助孩子形成健康、积极道德感,为他们的成长和发展奠定坚实的基础。

2. 促进孩子理智感的发展

理智感是个体在认识和判断事物时所体验到的情感,这种感觉产生于个人对事物是否符合自己的真理标准的评估。当个人的认识与事物真相相符或觉得道理清晰明了时,会产生一种佩服或者自愧不如的感觉,这种情感就是理智感。理智感建立在理智信条的基础上,是一种基于理性思考的情感体验。

家庭教育中提高孩子的知识水平和认知能力是发展理智感的关键。通过学习,孩子能够更好地理解世界,形成自己的观点和判断。当他们具备了独立思考和判断的能力,就会更加坚定地维护真理,反对谬误。这种嫉恶如仇、从善如流的品质正是理智感的表现。

理智感的发展并不仅仅是个人的独立学习,更多的是在与他人的交往中实现的。通过与他人的交流和学习,孩子可以借鉴他人的经验,掌握社会的行为准则,从而提高自己的社会化水平。因此,为孩子提供适当的交往环境和条件,是家长在培养孩子理智感过程中的重要任务。

家庭是影响儿童社会化的首要因素。父母作为孩子的第一任教育者,其行为和态度对孩子的社会化进程产生深远影响。家庭的氛围、父母的教养方式、家庭的经济条件等因素都会影响孩子的认知和情感发展,进而影响其理智感的发展。

3. 促进孩子美感的发展

美感是指当人们周围的自然景物或社会生活中的言论、行为、思想等符合人的美的需求时所产生的情感体验。美感教育具有独特的价值和功能，不仅能够陶冶情操、塑造美好的心灵，更有助于开发智力、启迪创造才能、培养意志、净化灵魂、愉悦精神以及增进健康。美感教育在孩子的发展中扮演着至关重要的角色，像一把钥匙，能够开启儿童的心智，激发他们的创造力和想象力。

家庭情感教育中的美感教育是建立在认知基础上的，与想象力的自由发展和理解的深度密切相关。美感教育涵盖了思想美、品德美、情操美、性格美、习惯美、语言美、行为美、风度美、仪表美等多个方面的内容。

家庭情感教育中，美感教育应该着重培养孩子感受美、鉴赏美、创造美以及表达美的能力，同时还要注重培养他们丰富多彩的审美情趣。

针对不同年龄阶段的孩子，美感教育也应该有所侧重。婴幼儿阶段，重点在于引导他们到大自然和艺术世界中去，培养他们对美的兴趣和爱好，让他们学会欣赏周围生活中的美好事物和现象。通过游戏活动等丰富的生活体验，促进他们美感的发展，培养他们创造美的能力。童年期的孩子，应该注重培养他们对审美对象的形式结构、形态的直观感受能力、审美想象力，以及加强他们对情感的理性调节等方面的能力。少年期的孩子，需要注重审美的理解力、广泛的审美情趣、审美的表现力和创造力等方面的培养。而青年期，应该注重培养其按照美的规律提高审美理解力、表现力和创造力，同时加强高尚审美情感的培养和正确审美观的教育。

4. 促进孩子实践感的发展

在丰富多彩的生活舞台上，人们的情感体验与他们的实践活动紧密相连。这种在各种实践活动中形成的情绪体验，被称之为"实践感"。

想象一个孩子在参与劳动、学习或游戏等各种活动时，会因为对活动的热爱、技能的掌握或是经过努力后取得的成果而感受到积极的情绪。这种快乐、满足和自豪都是在实践中获得的。相反，如果活动过于单调、费力或没有收获,他们会体验到消极的情绪。

实践感的深度、广度和强度各不相同。这也意味着家庭情感教育需要有针对性地培养积极的、强烈的情感。劳动,这个看似平凡的活动,其实是孩子身心健全发展的重要推动力,特别是对于独生孩子来说,劳动实践在情感教育中占据了重要的位置。

家长要引导孩子将劳动视为生活中的必要活动,让他们从中体验到克服困难、完成任务的快乐和满足。这样,孩子不仅会对劳动过程产生积极的情感,也会珍惜自己的劳动成果。为了达到这个目标,家长必须放弃过度保护和替代孩子完成一切的态度,而是让他们适当地参与劳动,从而促进他们的身心健康。

在实践感的范畴内,还有一种与创造性劳动相关的情感形态,我们称之为"创造感"。面对未来世界对创造性人才的需求,家长要在早期家庭教育中重视创造感的培养。为孩子创造条件,让他们有机会去创造新的事物,体验成功的喜悦;让他们在探索和创新的过程中始终保持高涨的情绪;当他们遇到困难和失败时,教会他们如何正确面对和处理情绪;当他们最终克服困难并获得成功时,让他们体验到由衷的快乐和满足。这样家庭教育不仅能够培养孩子的创造力,更能帮助他们建立健康、积极的情感世界。

三、家庭的智能教育

（一）家庭智能教育的含义

智能,作为智力和才能的总称,其实质是人们运用知识和经验解决实际问题的能力,不仅涉及人的智慧和才能,更是智力因素和非智力因素的结合。因此,家庭智能教育是一个涵盖广泛内容的领域,目标是促进孩子智力发展和良好个性心理品质形成。

智力因素可以理解为那些直接参与认知过程的心理因素,包括注意力、观察力、记忆力、想象力和思维能力五个方面。这些因素各自独立又相互联系、相互影响、相互依存,共同构成了有效地进行认知活动的稳定心理特点,也就是通常所说的综合认知能力。在智力五个因素中,观察力被视为智力活动的源泉,提供探索世界和获取知识的基础;注意力像是智力活动的组织者和维持者,保证能够集中精力进行认知活动;记忆力像是智力活动的仓库,帮助储存和提取信息;思维能力是智力活动的核心,决定了认知的方向和深度。

非智力因素主要包括动机、兴趣、情感、意志、性格和自我意识等方面。这些因素虽然不是直接认知事物的能力,但却能影响认知过程和结果,帮助人们更好地理解和应对世界。

（二）家庭智能教育的主要内容

家庭智能教育的主要内容如图 3-6 所示。

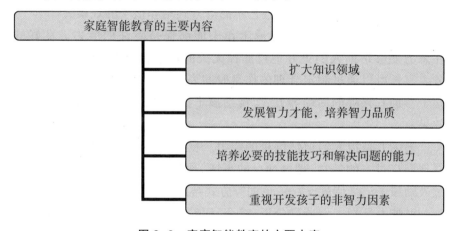

图 3-6 家庭智能教育的主要内容

1. 扩大知识领域

人的智力才能不仅仅依赖于天赋,而是在掌握知识的过程中逐渐发展的。为了充分发展孩子的聪明才智,不断扩大他们的知识领域尤为重要。对于家长来说,生活本身就是一本丰富的教科书,家长要重视利用日常生活中的各种情境和事件,作为扩展孩子知识面的教材。这些生活中的点滴,无论是观察大自然、参与家务劳动还是与他人的交往,都可以成为孩子学习的机会。

2.发展智力才能,培养智力品质

在人的智力结构中,观察力、注意力、记忆力、思维力、想象力和创造力等都是至关重要的基本因素,共同构成了人的认知能力体系。这些基本因素相互关联、相互影响,共同决定了人的智力水平和认知能力的发展。

观察力是指人们通过感官系统对外部事物的感知能力,是获取信息和认识世界的基础。观察力敏锐的人能够更好地感知事物的细节和特征,从而更好地理解和把握事物的本质。家庭教育中家长可以通过引导孩子观察自然、观察社会、观察艺术品等方式培养孩子的观察力。

注意力是指人们在学习或工作中能够保持专注的能力。良好的注意力能够帮助人们更好地过滤掉无关的信息,集中精力完成目标任务。家长可以通过制定合理的作息时间表、营造良好的学习环境、鼓励孩子参加有兴趣的活动等方式,帮助孩子提高注意力,增强他们的学习效果。

记忆力是指人们记忆信息的能力。良好的记忆力能够帮助人们更好地回忆过去的信息,理解现在的事情,预测未来的趋势。家长可以通过鼓励孩子记忆诗歌、故事、单词等方式帮助孩子提高记忆力。

思维力是指人们通过分析、综合、比较、分类等方式,对信息进行加工和处理的思维能力。良好的思维力能够帮助人们更好地把握事物的本质和规律,得出正确的结论。家长可以通过引导孩子进行思考训练、参与辩论活动、鼓励孩子提出问题等方式,帮助孩子提高思维力。

想象力是指人们通过创造性的思维活动构建新的形象或概念的能力。良好的想象力能够帮助人们更好地拓展思维空间,激发创造力和创新精神。家长可以通过鼓励孩子进行创造性活动、阅读文学作品、观看电影等方式,帮助孩子提高想象力。

创造力是指人们通过创造性思维和实践活动,产生新颖、独特且有价值的成果的能力。创造力是创新精神和实践能力的综合体现,是现代社会中最为宝贵的资源之一。家长可以通过鼓励孩子尝试新事物、参与创新性项目、培养多方面兴趣等方式,帮助孩子提高创造力。

3. 培养必要的技能技巧和解决问题的能力

技能技巧是聪明才智的重要表现形式,体现了人们将心智技能和动作技能应用于问题情境中的能力。在智力操作过程中,解决问题的过程就是运用这些技能技巧对问题进行深入分析和有效应对的过程。

家庭教育中,家长应该创造条件提供更多让孩子既动脑又动手的机会。通过不断的练习和实践,使孩子逐渐形成迅速、准确、自动化的熟练技巧,这不仅有助于提高孩子的技能水平,还能促进他们的智力发展。

音乐、舞蹈、绘画、美工、体育运动、书法和劳动等都是培养技能技巧的有效途径。家长可以帮助孩子通过这些活动来练习和掌握各种技能技巧。此外,结合孩子的数学计算、语言学习以及其他学科内容等也可以培养他们的心智技能技巧。这种跨学科的学习方式有助于孩子形成全面的知识和技能体系,进一步促进他们聪明才智的发展。

4. 重视培养孩子的非智力因素

家庭智能教育不仅仅是培养孩子的智力因素,还要充分关注非智力因素的发展。非智力因素对认知活动的影响通过作用于智力的各个组成因素来实现。良好的意志品质可以增强观察的目的性,使观察更加持久、深入,克服障碍,完成预定的任务。情感的参与则有助于记忆的牢固,激发学习、思考的动力,同时情感还是激发想象力的关键因素。在思维活动中,伴随着思维发展,情感、兴趣、意志等非智力因素也在同时发展和深化,它们之间是密切相连、不可分割的,特别是在认识的深化和飞跃以及智慧的创造过程中,非智力因素发挥着重要的作用。一个人如果对事业失去了兴趣、缺乏良好的性格和心理品质是很难取得巨大成就的。

相对于学校教育中对孩子智力因素的培养,非智力因素的培育显得较为薄弱,因此,家庭教育要给予非智力因素特别的关注。在日常生活中,家长可以通过与孩子的交流、互动培养他们的情感、兴趣和意志品质。散步时给孩子讲述有趣的历史故事,激发他们对历史知识的兴趣;教孩子认识路边的花草,引起他们对植物学的兴趣;鼓励孩子克服困难、锻炼意志;家庭活动中培养孩子宽容待人的性格等。总之,家长应该开动脑筋、多想办法,将家庭教育融入日常生活中,通过轻松、愉快的教育方式培养孩子良好的情感、坚强的意志、浓厚的兴趣和强烈的自我意识。这样,可以使孩子的智力因素和非智力因素得到均衡发展,两者相互促进、相得益彰。只有当孩子的智力因素和非智力因素都得到充分的发展,他们的智能才能全面提升,成为高智能型的杰出人才。

四、家庭的人生指导教育

(一)家庭人生指导教育的含义

家庭的人生指导教育是针对孩子塑造健全人格为核心的教育。人生指导教育结合人生各阶段所面临的重大课题进行有针对性的指导,旨在帮助孩子在思想品德、行为习惯、情感态度、身心健康等方面得到全面的发展。

家庭教育是人生中最初的教育,也是终身的教育。从孩子出生到长大成熟,家庭教育始终贯穿其中,起着至关重要的作用。家庭教育中,作为孩子的第一任教育者,家长言传身教、榜样示范的作用尤为重要。家长应该注重培养孩子的独立性、责任感、自律性、自我管理能力等方面的素质,让孩子学会独立思考、解决问题,养成良好的行为习惯和道德品质。同时,家庭教育还应该注重孩子的情感教育和身心健康。家长应该关注孩子的情感需求,与孩子建立亲密的关系,培养孩子的自信心、同情心和人际交往能力。此外,家长还应该关注孩子的身体健康,合理安排饮食、保证充足的睡眠和适当的运动,让孩子养成健康的生活方式。

(二)家庭人生指导教育的主要内容

家庭人生指导教育的主要内容如图3-7所示。

1.人生观指导

人生观是指人对自己、他人和世界的看法和态度,决定了一个人的行为和决策方向,帮助孩子树立正确的人生观是家庭教育的重要任务。因此,人生观指导是家庭人生指导教育的主要内容之一。家庭教育中家长可以通过以下几个方面来引导孩子树立正确的人生观。

（1）价值观的引导

家长应该引导孩子树立正确的价值观,如诚实、守信、尊重他人、关心社会等。家长可以通过自己的言行影响孩子,让他们在生活中不断实践这些价值观。

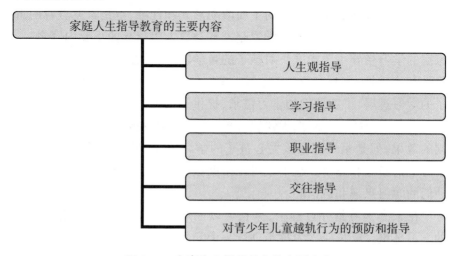

图 3-7　家庭人生指导教育的主要内容

（2）目标的设定

家长可以帮助孩子明确自己的目标和追求,让他们了解自己想要成为什么样的人,以及如何实现自己的梦想。同时,家长也应该引导孩子树立符合自己兴趣和能力的目标,避免盲目追求不切实际的目标。

（3）自我认知的引导

家长应该帮助孩子了解自己的优点和不足,鼓励他们充分发挥自己的优势,同时积极改进自己的不足。这样可以让孩子更好地认识自己,明确自己的发展方向。

（4）责任感的建立

家长应该培养孩子的责任感和担当,让他们明白自己在家庭和社会中的责任和义务。同时,家长也应该引导孩子关注社会问题,培养他们的社会责任感和公益意识。

（5）人生规划的指导

家长可以帮助孩子规划自己的人生，包括学业、职业、家庭等方面。在规划过程中，家长应该尊重孩子的意愿和选择，同时给予适当的建议和指导，让他们更好地实现自己的人生目标。

2. 学习指导

学习是孩子成长过程中的主要活动形式和任务，也是家庭教育的重要组成部分。教会孩子学会学习是家庭教育人生指导的重要内容之一。家庭的学习指导主要指家长对孩子的自学辅导，旨在提高孩子自学的积极性和主动性，掌握自学方法，形成良好的学习习惯。家长应该关注孩子的学习进展，了解他们的学习需求，提供适当的指导和帮助。

由于家长的文化层次和知识背景不同，在学习指导方面可能会有不同的效果，但是家长都应该关心孩子的学习情况，尽自己所能给予孩子学习上的指导和支持。这不仅可以帮助孩子提高学习成绩，还可以培养他们的学习兴趣和自信心。

在家庭学习指导过程中，家长可以采取以下措施：第一，创造良好的学习环境。家长应该为孩子创造一个安静、整洁、舒适的学习环境，让他们能够在良好的氛围中学习。第二，制定学习计划。家长可以帮助孩子制定合理的学习计划，安排好每天的学习时间和任务，提高孩子的学习效率。第三，激发学习兴趣。家长可以通过引导和鼓励的方式，激发孩子对学习的兴趣和好奇心，让他们主动地投入到学习中去。第四，培养良好的学习习惯。家长应该培养孩子养成按时完成作业、认真听课、积极思考等良好的学习习惯。第五，关注孩子的进步与困难。家长应该及时关注孩子的学习进展，了解他们的困难和问题，给予适当的指导和支持。

3. 职业指导

我国是一个男女平权的社会主义国家，人民享有根据个人特长与志愿选择专业和谋职的自由。然而，在孩子成长过程中，如何选择最适合个人特点的职业目标并为此做好各方面的准备，家庭应担负起职业指导的责任。职业指导是一个复杂的过程，不仅涉及孩子兴趣、能力、性格等方面的因素,还需要考虑社会需求、就业前景等多方面的因素。

第一,家长可以根据早期的家庭经验了解孩子的兴趣和性格特点,帮助他们选择适合的职业方向。如果孩子对音乐或艺术感兴趣,可以考虑音乐、美术等艺术类的职业;如果孩子喜欢与人交流、善于表达,可以考虑销售、公关等与人打交道的职业。

第二,家长可以通过了解孩子的兴趣和能力指导他们参加相关的培训和课程,提高他们的职业技能和素质。如果孩子对计算机感兴趣,可以参加编程、网络安全等课程;如果孩子对设计感兴趣,可以参加平面设计、UI 设计等课程。

第三,家长还可以通过提供实践机会帮助孩子了解不同职业的特点和要求。可以让孩子参加实习、志愿者活动等,亲身感受不同职业的工作内容和要求。

第四,家长应该关注孩子的心理健康和情感需求,帮助他们建立积极的心态和自信心,克服职业选择中的困难和挑战。同时,家长也应该尊重孩子的选择,不要强行干涉或限制他们的职业发展。

4. 交往指导

孩子从三四岁开始便表现出与同龄伙伴交往的意愿。在成长过程中,孩子与同龄伙伴的交往需求越来越强,年龄越大这种需求越强烈,交往范围也不断扩大。

在学龄初期,孩子交往情感表现较为脆弱,不稳定,缺乏深刻的友情。进入少年期后,在自发性合群心理和兴趣倾向的驱使下,孩子的交往范围逐渐稳定,会有三五位知心朋友,形成小群体活动,增加了伙伴之间的依存关系和友谊交往。同时,少年期对异性伙伴产生了好奇、害羞、喜欢接近的情感。到了青年期,孩子的横向交往范围进一步扩大,视野更加开阔。他们突破了封闭的交往圈,交往活动面向社会,结交志趣相近、需求和利益一致的朋友。社交内容丰富多样,交往方式日益多样化。

家长在孩子的交往指导中,应着重做好以下几方面工作:第一,教育孩子正确认识交往中的角色关系,使其明白不同的交往关系具有不同的行为准则,交往中要掌握分寸,适度交往。第二,教育孩子在交往中做到自尊、自重和关心他人,使交往关系正常协调发展,避免出现不健康、不正常的交往行为。第三,家长应以科学的态度对待青少年阶段的异性交往问题。引导孩子正确处理友谊、恋爱与学业以及爱情与道德的关系,尊重社会习俗和道德规范。

通过以上工作,家长可以帮助孩子树立健康的交往观念,形成健康的行为习惯,促进他们的人际关系和情感发展,同时也有助于预防和解决青少年阶段可能出现的交往问题,促进孩子全面健康成长。

5. 对青少年越轨行为的预防和指导

青少年身心发展过程中,由于内外环境的迅速变化以及社会与家庭对孩子的高期望,常常会导致一些违背社会规范的反常行为出现。这些行为可能与孩子的心理、情感、价值观等方面有关,也可能是家庭教育方法不当或家庭环境不良引起。针对这些问题,家长有责任与学校和社会进行合作,对孩子进行必要的教育指导。

第一,家长应该与学校密切合作,加强教育的针对性。这包括了解学校的教育计划和教育内容,与教师保持沟通,及时了解孩子的学业和行为表现。同时,家长根据孩子的特点和需求,与教师共同制定个性化的教育计划,帮助孩子更好地发展。

第二,家长应该注意培养孩子的自尊心。自尊心是自我认同和自我价值感的基础,对孩子的心理健康和行为表现有重要的影响。家长应该尊重孩子的个性和兴趣,鼓励他们尝试新事物和探索未知领域,同时也要给予他们适当的关注和赞扬,让他们感受到自己的价值和重要性。

第三,家长应该创造丰富生动的、孩子乐于接受的家庭教育环境。这种家庭环境包括良好的学习环境和家庭氛围,有益的课外活动和社会实践,以及与孩子进行积极的沟通和互动。通过这样的方式,孩子可以更好地发展自己的潜能和兴趣爱好。

第四,家长应该加强对孩子情绪的指导,培养他们经受挫折的耐受力。青少年在成长过程中会遇到各种挫折和困难,情绪波动比较大。家长应该关注孩子的情绪变化,引导他们学会调节情绪,同时教育他们正确面对挫折和失败,培养积极的心态和坚强的意志力。

除了以上几点,家长还应该正确使用鼓励与批评,帮助孩子矫正越轨行为。鼓励可以帮助孩子增强自信心,提高自我价值感;而批评则可以帮助孩子认识到自己的错误和不足,促进他们改正和进步,但需要注意的是,鼓励和批评都应该适度、适时、适可而止。过度的鼓励会使孩子产生骄傲自满的情绪,而过度的批评则会打击孩子的自信心和积极性,甚至导致逆反心理。因此,家长应该根据孩子的个性、行为表现和情境等因素综合考虑,灵活运用鼓励和批评。

第四节　现代家庭教育的原则

在家庭教育的实践中,为了确保教育活动的有效性,需要遵循一系列的原则。这些原则是家长在开展家庭教育时应当遵循的法则和准则,以确保孩子的全面发展。家庭教育原则不仅是家长对孩子进行教育的基本要求,更是家庭教育经验的总结和规律的体现。概括来说,这些原则主要包括以下几方面(图 3-8)。

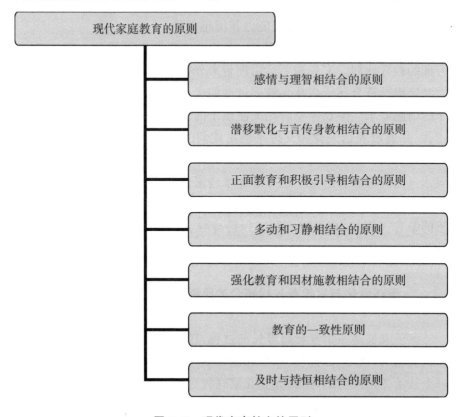

图 3-8　现代家庭教育的原则

一、感情与理智相结合的原则

在家庭教育实施过程中,理智与情感的结合是至关重要的。因为家庭教育不仅仅是教育孩子知识和技能,更重要的是塑造孩子的性格、价值观和人生观。理智和情感在这个过程中各有其独特的作用。

首先,理智在家庭教育中扮演着制定规划和决策的角色。家长需要运用理智来分析孩子的需求、兴趣和能力,从而制定出合适的教育计划。同时,家长还需要理智地应对孩子成长过程中遇到的各种问题,如学习困难、行为问题等。在这个过程中,家长需要保持冷静、客观的态度,以便能够做出明智的决策。

然而,仅有理智是不够的。情感在家庭教育中同样扮演着重要的角色。情感可以激发孩子的积极性和动力,让他们更加愿意投入到学习和成长中。家长需要通过表达关爱、支持和鼓励来增强孩子的自信心和自尊心。同时,家长还需要关注孩子的情感需求,帮助他们建立健康的人际关系,从而培养他们的社交能力和情感素质。

为了实现理智与情感的结合,家长可以采取以下措施:第一,制定合理的教育计划。家长需要运用理智来分析孩子的实际情况和需求,从而制定出既符合孩子兴趣又能促进他们成长的教育计划。第二,关注孩子的情感需求。家长需要时刻关注孩子的情感状态,了解他们的需求和困扰,并通过表达关爱和支持来满足他们的情感需求。第三,建立良好的沟通机制。家长需要与孩子建立良好的沟通机制,让他们能够自由地表达自己的想法和感受。这有助于增进家长和孩子之间的理解和信任。第四,以身作则。家长需要以身作则,通过自己的行为来示范理智与情感的结合。例如,在面对问题时保持冷静客观的态度,同时表达对孩子的关爱和支持。

二、潜移默化与言传身教相结合的原则

孩子成长是一个复杂而漫长的过程,任何一个孩子的好与坏都不是一蹴而就的,而是长时间的积累和潜移默化的影响形成的。这种变化是一个从量变到质变的过程,尤其在家庭教育中,这一特点尤为明显。

日常生活中孩子与家长朝夕相处,他们的每一分、每一秒都可能在

学习和模仿家长的言行举止。孩子对家长的依赖性和依恋性特别强烈,他们视家长为最亲近、最信任的人。在孩子心目中,家长拥有很高的威信,家长一切言行举止都是最好的,对家长的一切都有强烈的模仿欲望。

孩子不仅模仿家长的言行,而且会观察并学习家长待人接物的方式、欢乐与痛苦时的反应,以及如何处理生活中的各种问题。无论是积极的还是消极的言行,孩子都会"兼收并蓄",这种影响是在无意识中产生的,作用也是最直接、最深刻、最持久的。

简而言之,家长在孩子心目中不仅仅是生养他们的亲人,更是他们学习的榜样和楷模。家长的言行对孩子起着潜移默化的作用,这种作用是无声的,却强有力。为了提高家庭教育的效率,取得理想的教育效果,家长必须从根本上加强自身的修养,时刻严格要求自己,确保自己的行为符合家庭教育的原则和要求。

三、正面教育和积极引导相结合的原则

家庭教育中正面教育和积极引导相结合的原则是至关重要的,不仅是一条基本的教育原则,更是影响孩子成长的关键因素。

孩子正处于生理和心理各方面迅速发展的时期。他们渴望未来、追求进步,对知识和视野的扩展充满热情。然而,由于缺乏社会经验和辨别是非、善恶、美丑的能力,他们在看待问题时往往过于简单和片面,容易出现一些过失。

面对这种情况,家庭教育应该注重正面教育,通过积极引导来帮助孩子树立正确的观念和态度。正面教育不仅仅是告诉孩子什么是正确的,更重要的是激发他们的积极性和主动性,使他们从内心深处认同和接受正确的价值观和行为准则。

积极引导则是在正面教育的基础上,通过启发和引导的方式帮助孩子发现问题、分析问题并解决问题。这需要家长耐心倾听孩子的想法和困惑,给予他们充分的支持和鼓励,同时提供正确的思路和方法,引导他们走向正确的方向。

坚持正面教育和积极引导相结合的原则,有助于提高孩子的认识水平,增强他们的判断能力和评价能力。随着孩子认知水平的提高,他们

将更加主动、积极地参与学习和生活,更加自觉地遵守社会规范和道德
准则。

四、多动和习静相结合的原则

活泼好动是儿童的天性,也是他们成长过程中的主要特点之一。从
婴儿时期开始,孩子就展现出了无尽的活力和好奇心,除了睡眠时间,
他们总是在不断地活动和探索。随着年龄的增长,他们的活动范围和形
式也变得更加复杂多样。

家庭教育中,家长应该充分利用孩子的这一特点,让他们充分地动
起来。通过活动,他们的身体得到锻炼,智力得到开发,知识和能力也在
实践中得到提升。因此,鼓励孩子多动、观察并指导他们的活动是家庭
教育的重要原则。

当然,动和静是相辅相成的。多动和习静应该结合起来。孩子需要
足够的活动来促进身心发展,但也不能处于过度活跃的状态,忽略了其
他方面的成长。因此,家长要细心指导孩子动静结合,合理安排家庭生
活作息制度。在孩子活动一段时间后应该引导他们适当的安静和休息,
培养他们控制条件反射的能力。这样既能让孩子的身体得到充分的活
动和锻炼,又能促进他们的心智发展,为未来的成长奠定坚实的基础。

五、强化教育和因材施教相结合的原则

现代社会需要的是全面发展的复合型人才和开拓型人才。儿童的
全面发展不仅包括智力,还包括身体、心理、情感、社交等多个方面,某
一方面的发展会带动其他方面的发展,而某一方面滞后也会阻碍其他方
面的发展。因此,家长要树立全面发展的人才观,以实现"望子成才、成
人"的心愿。

当前,家长普遍认识到教育孩子的重要性,但存在一些误区和盲点。
其中之一就是把"强化"教育等同于"强迫"教育。许多家长为了让孩
子在未来得到所谓的"幸福",对孩子的教育过度干预,甚至出现了"幼
稚病""强迫症"等现象。他们过早地让孩子接受智力教育,把孩子的
时间全部用于学习,很少给孩子自由活动和游乐的时间。这样的做法会
导致孩子畸形发展,身心健康受到严重影响。许多家长攀比心理严重,

唯恐自己孩子学习成绩落后,陪伴孩子学习或充当教师的"助教",开设"第二课堂",使家庭教育成为学校智力教育的延续。表面上看,这种做法似乎帮助孩子学到了很多知识,但实际上效果并不理想。这是由于不顾孩子身心发展特点,无节制地增加孩子学业负担和精神压力,孩子疲于奔命,实则是摧残孩子,更谈不上促进孩子智力的发展和良好个性的形成。

强化教育和因材施教相结合的原则强调,家庭教育中家长需要适度运用强化手段,根据孩子的个性特点进行有针对性的教育。强化要结合因材施教,在因材基础上强化地施教,而因材施教也要结合个性特点进行强化,因材体现强化。

首先,强化教育是指在教育过程中家长通过奖励和惩罚等手段,强化孩子积极行为和抑制不良行为。适当的奖励和惩罚可以帮助孩子树立正确的价值观和行为规范,促进孩子良好行为习惯的养成。在实施强化教育时,家长需要注意奖励和惩罚的合理性和适度性,避免过度依赖奖励或惩罚。

其次,因材施教是指家长需要了解孩子的个性特点、兴趣爱好和特长,并根据孩子的具体情况进行有针对性的教育。每个孩子都有自己独特的优点和不足,家长需要根据孩子的特点进行有针对性的指导和帮助,促进孩子的个性化发展。

为了实现这一原则,家长需要不断了解孩子的情况,与孩子保持良好的沟通,了解孩子的需求和困惑。同时,家长还需要不断更新教育理念和方法,学习更多关于儿童发展和教育方面的知识,提高自己的教育素养。

六、教育的一致性原则

家庭中所有成年人都是孩子的教育者,形成一个教育集体是非常重要的。为了达到预期的教育目的,家庭成员必须对孩子教育的态度一致,要求一致,教育内容和方法也要统一。只有这样,才能形成强有力的教育合力,促使孩子身心健康发展。

相反,如果教育者之间、祖父母与父母之间对孩子宽严的要求不一致,教育目标不统一,就会导致教育作用相互抵消、管教无力、效果甚微,甚至产生负面效应。这种情况下孩子面对不同要求时不知所措、无所适从,甚至形成心理矛盾和精神压力。在宽严不一的教育环境中,孩子的不合理欲望、要求和坏习惯可能会得到满足和庇护,甚至养成"两面派"的行为习惯和双重人格。

实际上,由于参与家庭教育的成人思想、文化修养存在差异,教育观念、教育能力也各不相同,加上与孩子之间的情感关系差异,导致教育不统一、要求不一致的问题经常发生。这更进一步说明家庭教育中贯彻父辈之间与祖辈之间要求一致原则的必要性。

为了确保家庭教育的有效性,家长必须时刻保持教育的一致性原则。在教育孩子时,所有家庭成员应该密切配合、互相协调,形成统一的教育力量。只有这样,才能真正促进孩子的全面发展,培养他们成为合格的社会公民。

七、及时与持恒相结合的原则

及时与持恒相结合的原则充分体现了家庭教育的独特性。与学校教育不同,家庭教育没有固定的教材和教学计划,而是根据实际情况灵活展开。当国家或社会发生重大事件时,家庭教育要及时调整内容,与学校和校外教育机构紧密合作,确保孩子能够及时了解并吸收新知识,增强社会责任感。

同时,家庭教育也要关注孩子的个体差异。当孩子在德、智、体等方面取得显著成绩或出现问题时,家长要及时采取措施,发挥孩子的优点,纠正其缺点。这种及时教育原则不仅需要家长的敏锐观察和果断行动,还需要与持恒教育相结合。

持恒教育是指对孩子的教育要有持续性和稳定性。例如,培养孩子的良好行为习惯需要家长的长期坚持和引导,不能半途而废。同时,对于孩子的优点和缺点,家长需要给予持续的鼓励和帮助,让孩子在不断的进步中成长。

总之,及时教育与持恒教育相结合的原则是家庭教育的重要原则。家长需要密切关注孩子的成长动态,灵活调整教育策略,同时保持教育的稳定性和持续性,为孩子的全面发展创造良好的家庭环境。

　　家庭教育方法和艺术对孩子的身心发展具有深远的影响。在这一章,我们将深入探讨家庭教育的各种方法和艺术,帮助家长更好地引导孩子,促进他们的全面发展。

第一节　家庭教育的有效方法

　　家庭教育方法是指在家庭教育中所采用的各种影响方式以及具体的措施和手段的总和。选择和创造性地运用科学的教育方法是确保家庭教育顺利进行、取得良好效果的关键,直接影响着教育目的和任务的实现。

　　世界上成功的家庭教育方法有很多,下面主要阐述几种常用的家庭教育方法。

一、说服教育法

　　说服教育法是一种重要的家庭教育方法,主要通过摆事实、讲道理的方式,向孩子讲清楚应该做什么、为什么这么做以及如何做。这种方式旨在启发孩子的积极主动性,提高他们的认识水平和道德评价能力,进而培养他们良好的思想品德和正确的行为习惯。

　　说服教育法的实施建立在充分信任和尊重孩子的基础上。家长需要了解孩子的年龄特征和接受能力,用适合孩子的方式进行。说服教育通常采用谈话和讨论的形式,帮助孩子理解道德行为标准,树立正确的思想观念。

　　在谈话过程中,家长可以结合孩子的思想实际针对性地运用孩子能够理解的话语摆事实、讲道理。如果可能,家长还可以用故事、寓言等方式让孩子更容易领会道德行为标准。

　　讨论则是父母以平等民主的态度与子女共同讨论问题。在讨论过程中,父母应该充分信任和尊重孩子,让他们自由发表自己的观点和意见,即使孩子的观点与家长不一致,也要让他们把话说完,认真倾听。如果不能说服家长,孩子还可以保留自己的意见。这样可以帮助孩子明辨是非,提高思想认识,获得正确的行为规范,同时培养和锻炼孩子的逻辑思维能力和口头表达能力。

通过说服教育,家长可以全面了解孩子的思想动向和个性特征,促进亲子关系的民主化。同时,孩子也能认识到自身的价值,增强社会责任感,培养追求真理、正义、民主的精神。

二、环境熏陶法

家庭是孩子成长的重要环境,是他们接触到的第一个生活场所。孩子的成长离不开家庭环境的熏陶和影响,这种影响常常是潜移默化的,但却非常深刻。家庭环境的优劣对孩子的成长起着决定性的作用。在这个环境中,家长应该充分发挥教育的作用,通过各种情境的教育因素,以自己的情感来影响和引导孩子。

家长是孩子的第一任教育者,也是最重要的教育者。他们的言传身教、一举一动都会对孩子产生巨大的影响。因此,家长应该时刻注意自己的言行,以身作则,成为孩子的榜样。同时,家长还应该关注孩子的情感需求,与孩子建立亲密的关系,让孩子感受到家庭的温暖和爱。只有在这样的环境中,孩子才能健康地成长,形成正确的价值观和人生观。

此外,家长还应该为孩子创造一个良好的学习环境。家庭是孩子学习的第一场所,家长应该提供必要的学习条件和资源,如安静的学习空间、适合孩子年龄的书籍等。同时,家长还应该鼓励孩子多读书、多思考、多实践,培养他们的学习兴趣和自主学习的能力。

家长还应该关注孩子的心理健康,及时发现和解决孩子的问题。孩子的心理健康是他们成长的重要保障。家长应该与孩子保持良好的沟通,了解他们的想法和感受,帮助他们解决困惑和问题。同时,家长还应该鼓励孩子多参加有益的社交活动,培养他们的社交能力和团队协作精神。

三、鼓励法

鼓励法在家庭教育中具有不可替代的重要作用。它可以帮助孩子建立自信,激发他们的积极性和创造力,培养他们解决问题的能力。鼓励法并不仅仅是对孩子进行表面的夸奖和赞扬,而是要结合孩子的实际情况,具体问题具体分析,采用恰当的方式进行鼓励。

第一，家长应该了解孩子的特点和需求，针对孩子的优点和进步鼓励。对于孩子的不足和问题，以引导和帮助为主，而不是过度批评和指责。通过鼓励，让孩子感受到自己的价值和能力，激发他们的内在动力和自信心。

第二，家长应该鼓励孩子积极尝试和探索。在家庭教育中，家长应该鼓励孩子多尝试、多动手、多思考，不要害怕失败和困难。通过鼓励孩子尝试新事物和解决问题，可以培养他们的创新精神和解决问题的能力。

第三，家长应该采用正面的鼓励方式。正面的鼓励可以帮助孩子树立正确的价值观和人生观，激发他们的积极性和创造力。例如，家长可以采用表扬、奖励、鼓励性的话语等方式激励孩子，让他们感受到自己的进步和成就。

第四，家长应该注意鼓励的时机和频率。鼓励的时机和频率要适当，不能过度或过于吝啬。在孩子取得进步或遭遇挫折时，家长应该及时给予鼓励和支持，让孩子感受到自己的支持和关注。同时，家长还应该根据孩子的实际情况和表现调整鼓励的频率，让孩子感受到鼓励的真实和可信。

四、批评惩罚法

尽管批评和惩罚可能会让孩子感到不舒服或痛苦，但在接受批评和惩罚时孩子会意识到自己的行为或决策存在问题，帮助他们深入地认识自己的错误和过失。

第一，批评和惩罚可以帮助孩子意识到自己的错误和过失。当孩子做出错误的行为或决策时，家长可以通过批评和惩罚指出他们的错误，并引导他们认识到这些错误可能带来的后果。这种认识可以帮助孩子更好地理解自己的行为，并学会如何避免类似的错误。

第二，批评和惩罚可以帮助孩子学会用意志力去克服自己的缺点和错误。当孩子接受批评和惩罚时，需要学会控制自己的情绪和行为，并用积极的方式应对困难和挑战。这种经历可以帮助孩子形成有错就改、克制不正确欲望的意志品质，成为一个自强自律的人。

第三，批评和惩罚可以帮助孩子更好地成长。在学习过程中，孩子需要经历批评和惩罚。通过接受批评和惩罚，孩子可以学会如何应对挫折和失败并从中吸取教训,不断提高自己的能力和素质。

但是,批评和惩罚并不是万能的,在使用批评和惩罚时家长应该注意适度、公正、及时和有效。过度或不公正的批评和惩罚会伤害孩子的自尊心和自信心,甚至导致孩子的反感和逆反。因此,家长应该根据孩子的性格、年龄、错误性质等因素选择适当的批评和惩罚方式,确保能够发挥最佳的教育效果。

为了使批评和惩罚发挥最佳的教育效果,家长需要注意以下几个方面:

第一,批评和惩罚应以爱心为基础。家长应该始终以关心和爱护的态度教育孩子,确保孩子能够感受到家长的关心和支持。这样孩子才能更好地接受批评和惩罚,并从中吸取教训。

第二,批评和惩罚应该就事论事,客观公正。家长应该针对错误和过失教育孩子,而不是针对孩子的性格或人格进行攻击。同时,家长应该确保自己的评价是客观公正的,不带有个人情绪或偏见。

第三,批评和惩罚要及时。当孩子犯错时家长应该及时教育,帮助孩子认识到错误并进行改正。如果家长不及时教育,会错过孩子改正错误的机会,或者对家长的管教产生不信任感。

第四,家长应该控制自己的情绪,避免体罚。批评和惩罚孩子时家长要保持冷静和理性,避免情绪失控采取过激的行动。体罚不仅会伤害孩子的身心健康,还会破坏亲子关系,影响家庭教育的效果。

五、榜样教育法

榜样教育法是一种非常有效的教育方法,通过正面人物的良好思想、品德和行为影响和教育孩子。这种方法符合孩子的思维特点和行为可塑性。孩子正处于成长和发展阶段,善于模仿和学习,通过观察和模仿榜样的行为逐渐形成正确的行为模式和习惯。这种方法既形象又具体,能够深深地打动孩子的心灵,促使他们学习和模仿榜样的行为。

父母是孩子的第一任教育者,他们的言传身教对孩子的发展有重要的影响。通过自己的言行和榜样作用,父母能够教育孩子正确的价值观、道德观和生活态度。父母的完美形象成为孩子学习的榜样,他们用实际行动来验证所讲的道理,这种榜样的力量是强大的。所以,父母应该注重自身的言行和形象,成为孩子的良好榜样。同时,父母也应该引导孩子去发现和模仿生活中的正面人物,如英雄人物、优秀人物等,从这些人物身上汲取力量和智慧。

榜样教育法的有效在于榜样的典型性、完美性和形象性。一个好的榜样往往是理想与现实的结合,言教与身教的统一,体现了时代的精神和价值观念。这样的榜样为孩子提供了具体、形象的学习对象,使他们在模仿中逐渐形成良好的思想品质和行为习惯。

六、课外阅读法

对孩子来说,书籍、杂志和报刊是无比珍贵的精神食粮和最好的朋友。孩子的求知欲非常旺盛,对各种新奇的事物都充满了好奇心和探索欲望。孩子沉浸书的世界可以从中汲取智慧、经验和知识,从而更好地认识世界、理解人生。

对家长来说,满足孩子阅读需求是非常重要的。教科书和作业虽然重要,但这只是孩子学习的一部分。家长应该鼓励孩子在完成学业任务之余,多读好书。一本好书就像一位好老师,能够给孩子带来无穷的益处。

课外阅读的意义远不止于增长知识,还能够开阔孩子的视野,让他们了解更广阔的世界;能够激发孩子的思维,让他们学会深入思考问题;能够发展孩子的智力,提高他们解决问题的能力;能够陶冶孩子的情操,培养他们的审美情趣。课外阅读还能够学到学校学不到的知识,提高分析问题、解决问题的能力,促进对学校所学内容的理解,激发学习文化知识的兴趣,养成勤于学习的好习惯,提高学业成绩。

七、行为训练法

行为训练法是根据心理学的学习原理,通过特定的训练和指导,帮助孩子保持和塑造新的优良行为,消除不良行为。孩子的一切行为都是在社会生活中不断学习和模仿而来的,他们的行为方式、语言表达、思维方式等方面,都是受到了周围环境和人的影响形成的。因此,行为训练法是一种非常重要的教育方法。

行为训练法的原理主要基于行为主义理论,即人的行为是受到外界刺激和奖励或惩罚的影响而形成的。通过给予孩子适当的刺激和奖励或惩罚,引导他们形成正确的行为模式。此外,模仿学习也是行为训练法的理论基础之一,孩子通过观察和模仿周围人的行为来学习新的行为方式。

在实施行为训练法时,家长和教育者要仔细观察孩子的行为,了解他们的需求和兴趣,然后制定针对性的训练计划。在训练过程中,可以通过奖励、鼓励、示范等方式强化孩子的良好行为,同时通过惩罚、纠正等方式消除不良行为。

行为训练法的意义在于帮助孩子建立正确的行为模式和习惯,提高他们的自我控制能力和社会适应能力。通过行为训练法,孩子可以学会与人交往、合理表达情感和需求、正确处理冲突和问题等重要的生活技能。这些技能将对孩子未来的成长和发展产生深远的影响。

八、社会实践法

社会实践法依据孩子自身发展需要和社会发展要求,充分利用社会资源和环境,为孩子提供丰富的实践机会,孩子通过参与各种有益的、力所能及的社会实践活动,接触和了解社会,增长知识才干,培养良好的品德和行为习惯,提高独立生活和社会交往能力。

社会实践法的实施需要家长有意识地引导和支持孩子走出家门,参与各种实践活动。这些活动可以是社会公益活动、野营活动、学校组织的活动等,也可以是让孩子到社区、企事业单位进行实习或志愿服务。通过这些实践,孩子亲身体验社会生活,了解社会的运作规则和人际关系,增强社会适应能力。

在实践中,孩子可以学习如何与人沟通、如何解决问题、如何应对挑战等技能,这些技能对他们未来成长和发展至关重要。同时,实践也是孩子了解自己、认识自己的过程,在实践中发现自己的兴趣和特长,从而更好地规划自己的未来。

社会实践法的实施也需要家长具备一定的教育理念和指导能力。家长要关注孩子的实践过程,给予必要的指导和支持,同时也要注意培养孩子的自主性和独立思考能力。通过实践,可以锻炼孩子意志品质,增强责任感和团队合作精神,这些品质将伴随他们的一生。

第二节　家庭教育的艺术技巧

一、理智施爱，爱而不娇

"理智施爱，爱而不娇"不仅是一种教育技巧，更是一种教育智慧。它提醒家长在教育孩子的过程中，不仅要给予孩子足够的关爱和呵护，还要注意把握好关爱与溺爱之间的界限。

"理智施爱"要求家长在关爱孩子时要保持清醒的头脑和适度的情感表达。这意味着家长需要审慎地对待自己的情感，确保自己的行为和态度不会过分地影响到孩子的成长。当孩子遇到困难时，家长要给予他们鼓励和支持，但同时也要鼓励他们独立思考和解决问题，培养他们的独立性和自主性。

"爱而不娇"强调避免过度溺爱的重要性。过度溺爱孩子会让他们依赖性强、缺乏自信和独立解决问题的能力。同时，过度溺爱也会让孩子变得任性、霸道，不利于他们的人际交往和未来发展。因此，在关爱孩子的同时，家长也要适度地放手，让孩子在实践中学习和成长。

"理智施爱，爱而不娇"这一技巧还要求家长不断地反思和调整自己的教育方式。每个孩子都有自己的性格特点和成长节奏，家长要根据孩子的实际情况灵活地运用这一技巧。这就要求家长具备敏锐的观察力和判断力，能够及时发现孩子的需求和问题，并采取适当的措施来帮助孩子成长。

此外，家长的情绪情感对孩子的成长也有着至关重要的作用。家长要学会调整自己的情绪情感，不用情绪情感控制和绑架孩子，否则虽然是爱，但是这种爱会影响或伤害孩子。

总之，"理智施爱，爱而不娇"是一种非常实用的家庭教育技巧，能够帮助家长更好地平衡关爱和教育之间的关系，促进孩子的健康成长和发展。通过理智施爱和适度放手，家长可以让孩子在关爱中学会独立、自信和解决问题的能力，为他们的未来发展打下坚实的基础。

二、量力而行,循序渐进

"量力而行"提醒家长要根据自己的实际情况和能力教育和引导孩子,不过度追求完美,也不推卸责任。在现实生活中,每个家长都有自己的局限性,如时间、精力和能力等方面的限制。因此,家长要明确自己的能力和责任范围,根据实际情况制定适合孩子的教育计划和目标。

第一,家长要了解并合理计划和利用自己的时间。在忙碌的工作和生活压力下,家长的时间非常有限,需要根据时间合理安排和规划孩子的教育。例如,家长可以根据自己的工作时间和生活节奏,合理安排每天与孩子相处的时间,以及孩子的学习和娱乐时间。

第二,家长要根据自己精力和能力规划适合孩子的教育。每个家长都有自己的特长和兴趣爱好,可根据自己的经验和知识引导孩子。同时,家长也要明确自己的局限性和短板,避免将自己的不足过多地暴露给孩子,导致孩子的教育和成长受到影响。

第三,家长要根据孩子实际情况和能力水平制定适合孩子的教育。每个孩子都有自己的性格、兴趣和能力,家长要根据孩子的实际情况制定个性化的教育。对于喜欢音乐的孩子,家长可以安排一些音乐方面的活动和课程;对于喜欢运动的孩子,家长可以安排一些体育方面的活动和课程。

第四,家长要对孩子有合理的教育期望。每个孩子都有自己的成长节奏,家长要根据孩子的实际情况提出合理的期望。过高的期望可能导致孩子压力过大过度焦虑,过低的期望则可能让孩子缺乏自信和动力。因此,家长要理性地对待孩子的教育,给予他们足够的关爱和支持,让他们在成长的过程中充满自信和勇气。

"循序渐进"要求家长在教育孩子时有清晰的计划和步骤,逐步引导孩子走向成熟。孩子的成长是一个长期的过程,需要家长的耐心和细心引导。每个孩子都有不同的成长阶段和特点,家长要根据孩子的年龄、兴趣和特点来制定适合孩子的教育计划。

第一,家长要根据孩子的年龄来制定教育计划。不同年龄段的孩子有不同的认知水平和实践能力,家长要根据孩子的年龄选择合适的教育内容和方式。对于幼儿期的孩子,家长要注重培养孩子的语言和基本认知能力;对于学龄期的孩子,家长要注重培养孩子的学习和社交能力。

第二,家长要根据孩子的兴趣和特点制定个性化的教育计划。每个孩子都有自己的兴趣和特长,家长要根据孩子的兴趣来选择合适的教育内容和方式。如果孩子喜欢画画,家长可以安排一些绘画方面的活动和课程;如果孩子喜欢音乐,家长可以安排一些音乐方面的活动和课程。

第三,家长要考虑孩子的全面发展制定教育计划。除了关注孩子的兴趣和特长外,家长还需要注重培养孩子其他方面能力,如沟通能力、解决问题的能力、自我管理能力等。这些能力对孩子的未来发展非常重要,能够帮助孩子更好地适应社会和生活。

第四,在教育孩子过程中家长要及时发现和解决问题。孩子的成长过程中难免会遇到一些问题和挑战,家长要及时发现并给予帮助和支持。同时,家长也要根据实际情况调整教育计划以达到更好的教育效果。如果孩子在某方面表现出色,家长可以适当地增加这方面的教育内容;如果孩子在某方面存在不足,家长可以适当地调整教育计划,帮助孩子改进和提高。

三、数子十过,不如奖子一长

"数子十过,不如奖子一长"这一家庭教育技巧强调的是,在教育孩子过程中过多的责备和批评不如适度的奖励和表扬。这种技巧在家庭教育中非常重要,能够帮助孩子建立自信心和积极向上的心态。

适度的奖励和表扬能够激发孩子的积极性和自信心。当孩子在某个方面取得进步或者表现出色时,家长给予适当的奖励和表扬,可以让孩子感到被认可和鼓励,激发他们的积极性和自信心。这种正面的激励可以帮助孩子更好地发挥自己的潜力,提高自我价值感。

而过多的责备和批评会打击孩子的自信心和积极性。当孩子犯错或者表现不佳时,一些家长会采取责备和批评的方式教育孩子。这种方式会让孩子感到沮丧、失落和无助,甚至会导致他们产生逆反心理。因此,过多的责备和批评可能会削弱孩子的自信心和积极性,影响他们的成长和发展。

"数子十过,不如奖子一长"这一技巧提醒家长在教育孩子时应该注重奖励和表扬,适当地给予肯定和鼓励。当然,这并不是说完全没有责备和批评,而是要适度、有针对性地给予反馈,对事不对人。家长应该根据孩子的实际情况和需求选择适当的奖励和表扬方式,如口头表扬、物质奖励等,让孩子感到被关注和支持。

另外,家长在运用这一技巧时还需要注意以下几点:

第一,奖励和表扬要适度,不要过度或者过于频繁,以免让孩子产生依赖心理或者失去激励效果。另外,表扬要具体,不表扬聪明,表扬努力、坚持、有方法等。

第二,责备和批评要有针对性,针对具体的问题和行为给予反馈,避免伤害孩子的自尊心和自信心。批评不针对人,不进行人身攻击、不翻旧账。

第三,沟通是基础。只有建立积极有效的沟通方式,与孩子保持良好的沟通和互动,了解孩子的需求和想法,才能为孩子提供更好的教育和支持,奖励和批评也才会发挥效力。

第四,运用这一技巧要因材施教,不同个性的孩子对表扬和批评的承受力和需求都是不同的。

四、遇物则诲,择机而教

"遇物则诲"是指家长应该根据周围的事物教育孩子。生活中各种事物如自然环境、物品、事件等都可以成为教育的素材。家长可以借助这些事物引导孩子观察、思考和探索,帮助孩子增长知识、培养兴趣和激发好奇心。通过遇物则诲的方式,家长可以让孩子在日常生活中自然而然地接受教育,提高他们的认知能力和综合素质。

"择机而教"是指家长应该抓住适当的时机教育孩子。当孩子遇到困难或者问题时,家长可以及时给予指导和帮助,让孩子更好地解决问题。当孩子表现出某些良好行为时,家长可以适当地表扬和奖励,强化孩子的积极行为。择机而教的方式可以帮助孩子更好地成长和发展,提高他们的适应能力和社交能力。

"遇物则诲,择机而教"这一技巧要求家长在教育孩子时应该注重引导和启发,而不是过度干预和强制。家长应该给予孩子足够的自由和空间,让他们自己探索和发现,培养他们的自主性和创造性。家长的角色应该是引导者、辅助者和支持者,而不是指挥者、掌控者和评价者。

五、寓教于喻，深入浅出

"寓教于喻，深入浅出"能够帮助家长将抽象的教育内容形象化，让孩子更容易理解和接受。比喻是一种常见的修辞手法，通过将一个事物与另一个事物进行比较描述或说明某一概念或道理。在家庭教育中，家长可以利用比喻的方式，将复杂的概念或道理转化为生动、形象的语言，让孩子能够更好地理解，做到深入浅出，实现教育效果。

第一，比喻可以使抽象的概念变得具体化，帮助孩子理解和接受。有些概念或道理比较抽象孩子难以理解。家长通过比喻的方式可以将抽象概念转化为具体形象或场景，让孩子能够更好的理解。例如，当家长解释"什么是勇气"时，可以用一个简单的比喻来说明："勇气就像一个勇敢的小战士，面对困难和挑战时，他从不退缩，总是勇往直前。"通过这样的比喻，孩子能够更好地理解"勇气"这个抽象的概念。

第二，比喻可以帮助孩子更好地记忆抽象的东西。有些知识或概念比较复杂孩子难以记住。通过比喻的方式，家长可以将这些知识或概念转化为生动、形象的语言，让孩子能够更好地记忆和理解。例如，当家长解释人体循环系统时，可以用一个生动的比喻来说明："人体的循环系统就像一条河流，血液就像河水一样在血管中流动。"通过这样的比喻，孩子能够更好地记忆和理解人体的循环系统。

第三，比喻可以帮助孩子更好地培养情感和价值观。有些情感和价值观比较抽象，孩子难以理解和体会。通过比喻的方式，家长可以将这些情感和价值观转化为生动的形象或场景，让孩子能够更好地理解和体会。例如，当家长想让孩子理解友情的重要性时，可以说"友情就像是一把伞，在下雨天为你遮风挡雨"。通过将友情比喻为伞，孩子能够更好地理解友情的价值和意义。

"寓教于喻，深入浅出"这一技巧要求家长在教育孩子时应该注重联系实际和引导思考。家长应该将教育内容与孩子实际生活联系起来，帮助孩子更好地理解和应用知识。同时，家长也应该引导孩子主动思考和探索，培养他们的思维能力和创造力。

家长在运用这一技巧时还需要注意以下几点：

第一，比喻要恰当，不要过于复杂或难以理解，要符合孩子的接受能力，以免让孩子产生困惑或厌烦情绪。

第二，语言要简洁明了，不要使用过多的专业术语或难以理解的词汇。

第三，与孩子保持良好的沟通和互动，了解孩子的需求和想法，为孩子提供更好的教育和支持。

六、宽容感化，以情动情

宽容感化意味着家长要有一颗包容的心，接纳孩子的缺点和错误，而不是用严厉的惩罚或责备对待。这样，孩子能感受到家长的关爱、尊重和理解，更容易接受家长的教诲，积极改正错误。

"以情动情"强调了情感在家庭教育中的重要性。家长通过情感表达和情感沟通能够与孩子建立深厚的情感联系，深入了解孩子的内心世界。这种情感共鸣使孩子更愿意向家长敞开心扉，分享他们的喜怒哀乐。

情感沟通不仅是语言的交流，还包括非语言的表达，如拥抱、微笑和倾听。家长通过这些方式给孩子提供安全感，帮助他们建立自尊和自我价值感。

此外，"以情动情"也有助于培养孩子积极、乐观的品质。当孩子感受到家长的积极情绪和正能量时，更可能形成健康的心态和行为习惯。这种正面的情感教育有助于孩子建立良好的人际关系，增强社会适应能力。

总之，"宽容感化，以情动情"这一技巧可以帮助孩子建立健康的情感世界，促进亲子关系的和谐，为孩子未来的发展打下坚实的基础。因此，在教育孩子时，家长应充分运用这一技巧，用爱和情感引导和启迪孩子，让他们在关爱和理解的氛围中茁壮成长。

第三节 家长的教育策略

家长教育策略是指家长在教育孩子时所采用的方法和手段,它是家庭教育的重要组成部分。

家长的教育策略主要包括以下几个方面(图 4-1)。

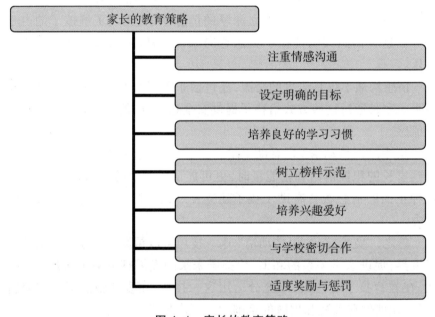

图 4-1 家长的教育策略

一、注重情感沟通

情感沟通是教育策略中的重要一环。家长要与孩子建立深厚的情感连接,真正理解他们的需求和感受。通过情感沟通,家长能够给予孩子温暖的关爱和正确的引导,使孩子感受到家庭的温暖和支持。

情感沟通不仅仅是简单的语言交流,还包括各种非语言表达方式,拥抱、微笑和倾听都是情感沟通的重要手段。一个温暖的拥抱可以让孩子感受到家长的关爱和呵护，增强他们的安全感；一个真诚的微笑可以让孩子感受到家长的喜悦和鼓励，提升他们的自信心；而倾听则是尊重孩子的表现，能够让孩子感受到被理解和被关注，促进他们与家长之间的情感交流。

在情感沟通过程中，家长要注意情感表达的适度。过度的情感表达会让孩子感到不自在或压抑，而过于冷淡的表达则可能让孩子感到被忽视或不被重视。因此，家长要根据孩子的个性和情感需求灵活运用情感表达方式，避免过于夸张或冷淡，以保持与孩子之间的良好情感联系。

二、设定明确的目标

在教育孩子过程中，家长首先要明确孩子需要达到的教育目标，这些目标应该涵盖多个方面包括学业成绩、社交技能、生活技能等。学业成绩是衡量孩子知识掌握程度的重要标准，社交技能关乎孩子的人际交往和沟通能力，而生活技能则是孩子独立生活和应对挑战的基础。

有了明确的教育目标，家长可以有针对性地制定教育计划，为孩子提供必要的学习资源和指导。同时，明确的目标也有助于家长准确地评估孩子的进步和成长。通过定期检查和评估孩子的表现，家长可以及时发现孩子各个方面的优点和不足，调整教育策略，更好地促进孩子的发展。

在设定教育目标时，家长应该与孩子共同讨论，尊重孩子的意见和选择。孩子是教育的主体，他们的意见和选择对于目标的设定具有重要的参考价值。通过与孩子共同讨论，家长可以了解孩子的兴趣和需求，激发他们的主动性和积极性。这也有助于建立良好的亲子关系，增强家庭的互动和沟通。

当然，教育目标的设定需要根据孩子的实际情况调整和完善。每个孩子都有自己的特点和优势，家长应该根据孩子的具体情况制定个性化的教育目标，帮助孩子在合适的领域得到更好的发展。

三、培养良好的学习习惯

在孩子成长过程中，良好的学习习惯是至关重要的。作为孩子的第一任教育者,家长应该引导孩子养成良好的学习习惯,帮助他们更好地掌握知识,提高学习效率。

首先,家长应该引导孩子养成定时复习的习惯。复习是巩固知识、加深理解的重要手段。通过定时复习,孩子可以及时回顾已学知识,查漏补缺,更好地掌握学习内容。家长可以帮助孩子制定合理的学习计划,安排每天的复习时间和内容,培养孩子定时复习的习惯。

其次,家长应该引导孩子合理安排学习时间。学习时间的合理安排有助于提高学习效率,减轻学习压力。家长可以帮助孩子制定学习计划,合理分配各个学科的学习时间,避免偏科或过度疲劳。同时,家长也应该鼓励孩子适当休息和放松,保持身心健康。

此外,家长应该鼓励孩子独立完成作业。作业是巩固和检验学习成果的重要方式。通过独立完成作业,孩子可以加深对知识的理解,提高解决问题的能力。家长应该鼓励孩子认真对待作业,不抄袭、不敷衍,同时给予适当的指导和帮助,让孩子在独立思考和实践中成长。

除了良好的学习习惯,家长还应该鼓励孩子多读书、多思考、多实践。读书是获取知识、拓宽视野的重要途径。家长可以引导孩子选择适合自己的书籍,培养他们的阅读兴趣和习惯。同时,家长也应该鼓励孩子积极思考,培养他们的思维能力和创造力。通过实践活动的参与,孩子可以锻炼动手能力,将理论知识转化为实际操作,提高自主学习的能力。

四、树立榜样示范

作为孩子的第一任教育者,家长的行为和言辞对孩子的成长具有深远的影响。因此,家长应该成为孩子的良好榜样,以身作则,树立正确的价值观和行为准则。通过自己的言行影响孩子,培养他们良好的品德和行为习惯。

首先,家长应该尊重长辈,待人友善。尊敬长辈是中华民族的传统美德,也是孩子应该具备的基本品质。家长应该以身作则,尊重自己的父母和长辈,与家人和睦相处,给孩子树立良好的家庭氛围。同时,家长应该教育孩子学会友善待人,关心他人,培养孩子的同理心和社交能力。

其次,家长应该遵守法律法规和社会公德。遵守法律法规是每个公民的基本义务,也是家庭教育的重要内容。家长应该教育孩子了解法律法规,遵守社会公德,养成良好的道德品质。例如,家长可以引导孩子遵守交通规则、不随地乱扔垃圾等基本社会公德。

此外,家长还应该培养孩子的独立性和责任感。独立性是孩子成长的重要品质之一,家长应该鼓励孩子自主完成力所能及的事情,培养他们的独立生活能力。同时,家长应该教育孩子树立责任感,学会承担自己的责任和义务,为家庭的和谐和社会的进步作出贡献。

五、培养兴趣爱好

兴趣和爱好是孩子探索世界、认识自我的重要途径。家长应该了解孩子的兴趣和爱好,鼓励他们追求自己感兴趣的领域,并培养他们的特长。这样不仅可以增强孩子的自信心,还可以帮助他们发展自己的优势。

首先,家长应该通过观察和交流了解孩子的兴趣和爱好。每个孩子都有自己独特的兴趣和爱好,家长应该给予关注和支持。在与孩子的交流过程中,家长可以了解他们的喜好、梦想和追求,更好地指导他们的发展。

其次,家长应该鼓励孩子追求自己感兴趣的领域,并培养他们的特长。对于孩子感兴趣的领域,家长应该给予支持和鼓励,帮助他们发掘自己的潜力和优势。同时,家长应该为孩子提供必要的学习资源和指导。例如,寻找合适的学习资料、参加兴趣班或组织相关活动等,帮助孩子更好地发展自己的特长。

在培养孩子特长的过程中,家长还应该注重实践和探索。通过实践孩子可以更好地了解自己的兴趣和特长,发现自己的优点和不足。家长可以鼓励孩子参加各种实践活动,如社区活动、义工服务、艺术表演等,让孩子在实践中锻炼自己的能力和技能。

家长还应该给予孩子足够的自主权和选择权。让孩子自主选择自己感兴趣的领域和活动,激发他们的积极性和创造力。同时,家长应该尊重孩子的选择,给予他们足够的支持和信任,让孩子在自己感兴趣的领域中自由地探索和发展。

另外,家长应该认识到每个孩子都有自己的独特之处,他们的发展轨迹也是不同的。有些孩子在这些领域表现出色,有些孩子则在其他领域表现出色。因此,家长应该根据孩子的实际情况和个性特点制定合适的教育计划,帮助孩子在自己感兴趣的领域中获得更好的发展。

六、与学校密切合作

在教育孩子过程中,学校和家庭是两个不可或缺的重要环节。为了更好地促进孩子的全面发展,家长应该与学校建立良好的合作关系,共同参与孩子的教育。

第一,家长应该积极了解孩子在学校的学习情况和生活状态。通过与老师和学校的沟通了解孩子在学校的表现和进步,发现孩子可能存在的问题和困难。这种信息交流可以帮助家长更好地指导孩子的学习和生活,提供有针对性的支持和帮助。

第二,家长应该配合学校的教育工作,支持学校的教育政策和教学安排。作为孩子接受正规教育的主要场所,学校有其独特的教育理念和教育方法。家长应该尊重学校的权威,积极配合学校的教育工作,让孩子在学校的教育环境中得到更好的发展。

为了加强与学校的联系和合作,家长可以主动参与学校的各项活动和志愿者工作,如参加家长会、学校开放日、义工活动等。通过这些活动,家长可以更深入地了解学校的运作和教育方式,也可以与老师和其他家长建立联系,分享教育经验。

第三,家长也可以通过各种方式提供支持和帮助。例如,协助学校组织课外活动、为学校提供教育资源、为有需要的学生提供辅导等。这些支持和帮助不仅可以增强学校的教育力量,也可以促进家长与学校的合作关系。

第四,家长与学校的合作应该建立在互相信任和理解的基础上。双方应该尊重彼此的观点和教育方式,共同为孩子的全面发展努力。只有家长和学校紧密合作、共同努力,才能为孩子创造一个更好的教育环境,让他们在成长过程中得到全面的发展。

七、适度奖励与惩罚

在教育孩子过程中,奖励和惩罚是两种常见的引导孩子行为的手段。适当运用奖励和惩罚,可以帮助孩子建立正确的价值观和行为准则,促进他们的健康成长。

奖励是一种正面的激励方式,可以激发孩子的积极性和动力。通过奖励,家长可以肯定孩子的良好表现和进步,增强他们的自信心和自尊心。奖励的形式可以是多种多样的,如口头表扬、实物奖励、增加自由时间等。在使用奖励时,家长应该注意以下几点:

第一,奖励要适度。过多的奖励会导致孩子产生依赖心理,只为了获得奖励而行动,缺乏内在的动力和兴趣。因此,家长应该根据孩子表现和进步给予适当的奖励,避免过度使用。

第二,奖励要公正和合理。奖励应该是公平、透明的,与孩子的表现和努力相匹配。避免因为个人偏见或主观判断给予不公正的奖励,以免对孩子造成误导或伤害。

惩罚是一种负面的教育手段,可以让孩子认识到自己的错误行为并引导他们改正。适当的惩罚可以让孩子明确行为的界限和规则,增强他们的责任感和自我控制能力。在使用惩罚时,家长应该注意以下几点:

第一,惩罚要适度。过度的惩罚会导致孩子产生恐惧、反感甚至叛逆的心理,对孩子的身心健康造成负面影响。因此,家长应该根据孩子的错误程度和个性特点给予适当的惩罚,避免过度严厉或残忍。

第二,惩罚要公正和合理。惩罚应该与孩子的错误行为相匹配,避免因为个人情绪或偏见而给予不公正的惩罚。同时,家长应该让孩子明确了解为何受罚、如何改正错误等具体内容,以便更好地引导孩子行为的转变。

需要指出的是,在使用奖励和惩罚时,家长应该注重与孩子的沟通和互动。家长要让孩子明白奖励和惩罚的原因和目的,引导他们从错误中吸取教训、积极改进。家长也应该给予孩子足够的关爱和支持,建立亲密的亲子关系,为孩子的健康成长提供坚实的情感基础。

综上所述,家长的教育策略是一个综合性的过程,需要情感沟通、明确目标、良好习惯、榜样示范、培养兴趣爱好、与学校合作以及适度奖励与惩罚等方面的相互配合。通过科学合理的教育策略,家长可以帮助孩子更好地成长和发展,培养他们成为自信、积极、有责任感和创造力的人才。

第四节　家长的自我修养提升

家庭教育中家长的自我修养提升至关重要,不仅关乎到家长自身的成长,更直接影响到孩子的成长环境和教育质量。因此,家长必须时刻关注自我修养的提升,以更好地履行教育孩子的职责。

一、学习家庭教育知识

当今社会,家庭教育的重要性日益凸显。为了更好地引导孩子的成长,家长需要不断学习家庭教育知识,了解儿童心理发展特点和教育规律。具体来说,家长可以通过以下几种方式来不断学习家庭教育知识。

(一)阅读相关书籍

阅读专业的家庭教育书籍是提升自我修养的有效途径。家长可以选择阅读专业的教育学、心理学等相关著作如《发展心理学》《儿童心理学》《学会沟通》等,从中获取丰富的知识和经验。通过阅读,家长可以更深入地了解儿童的身心发展特点,掌握科学的教育方法。

(二)参加家庭教育讲座和培训

参加专业的家庭教育讲座和培训可以帮助家长获取最新的教育理念和技巧。这些讲座和培训通常由教育专家或心理咨询师等专业的人主讲,内容涵盖儿童心理、教育方法、沟通技巧等多个方面。通过与专业人士的交流和学习,家长可以不断提升自己的教育水平。

（三）交流分享

家长可以加入家长交流群、参加线下家长会等活动，与其他家长分享育儿经验和心得。通过交流，家长可以发现自己在教育孩子方面的不足之处，并从其他家长的成功经验中获得启示。

（四）实践探索

学习家庭教育知识的最终目的是要将所学应用到实际生活中。因此，家长应该勇于实践探索，尝试不同的教育方法和策略。在实践中，家长可以根据孩子的特点和需求进行调整和改进，逐步摸索出最适合自己家庭的教育模式。

（五）持续自我反思

自我反思是提升自我修养的关键环节。在教育孩子过程中，家长应该时刻关注自己的言行举止，反思自己的教育方式和效果。通过反思，家长可以发现自己在教育方面的不足之处，并及时进行调整和改进。

二、提升情绪管理能力

家长的情绪状态对家庭氛围和孩子的心理发展具有深远的影响。一个积极、平和的家长能够营造出温馨、和谐的家庭环境，促进孩子的健康成长。反之，一个情绪不稳定、易怒或焦虑的家长会给孩子带来负面影响，甚至影响他们的心理发展。

因此，家长学会管理自己的情绪至关重要。首先，家长应该学会控制自己的情绪反应，避免在孩子犯错或不听话时过度发怒或情绪化。当遇到问题时家长要保持冷静，理性地分析问题，寻求合适的解决方法。同时，家长也要学会调节自己的情绪，保持乐观、平和的心态，用正面的态度面对生活中的挑战和困难。

除了管理自己的情绪，家长也要关注孩子的情绪变化。在成长过程中孩子会遇到各种情绪问题,如焦虑、抑郁、愤怒等,家长要关注孩子的情感需求,与他们建立良好的沟通渠道,倾听他们的心声,理解他们的感受。当孩子出现负面情绪时,家长要给予他们足够的支持和安慰,帮助他们调节情绪,培养他们的情绪管理能力。

为了更好地管理情绪,家长也可以寻求专业的心理咨询或培训。这些服务和培训可以帮助家长更深入地了解情绪管理技巧和方法,提供有效的策略应对常见的情绪挑战。通过专业指导,家长可以更好地应对自己的情绪问题,同时也能够更好地支持和引导孩子的情感发展。

三、努力做孩子的行为榜样和心灵导师

在孩子成长过程中,作为最亲密的引导者和教育者,家长自身的行为和态度对孩子的价值观和行为习惯有着深远的影响。因此,家长应该特别注重自己的榜样作用,通过以身作则的方式,帮助孩子树立正确的价值观和行为准则。

首先,家长应该成为孩子学习的良好榜样。日常生活中,家长要注重自己的言行举止,遵守社会公德和法律法规,展现出诚实、守信、尊重他人等优秀品质。通过自己的行为示范让孩子在潜移默化中受到正面的影响,培养他们良好的品德和行为习惯。

其次,家长应该成为孩子行为的引导者。当孩子面临困难或挑战时,家长应该以积极的态度和行动给予引导和支持。鼓励孩子勇敢面对问题,培养他们的独立性和解决问题的能力。同时,家长也要引导孩子遵守社会规范和道德准则,教育他们尊重他人、关心社会,培养他们的社会责任感。

再次,家长应该成为孩子情感的依托。在成长过程中,孩子会遇到各种情绪波动和心理困惑。家长应该给予孩子足够的关注和情感支持,倾听他们的心声,理解他们的感受。通过与孩子的亲密互动,让孩子感受到家庭的温暖和安全感,培养他们的自尊心和自信心。

最后,家长应该成为孩子心灵的导师。通过与孩子的沟通和交流,了解他们的兴趣、梦想和追求,引导他们探索世界、认识自我。鼓励孩子保持好奇心和求知欲,培养他们的创新能力和批判性思维。同时,教育孩子学会感恩、宽容和同理心等积极情感,培养他们的人文素养和社会责任感。

四、教育过程中与孩子共同成长

在孩子成长过程中,家长的角色并不仅仅是教育者,更是孩子的人生导师和亲密的伙伴。因此,家长应该与孩子共同成长,不断反思和改进自己的教育方法和策略。

第一,家长应该时刻关注孩子的需求和困惑。通过与孩子的沟通和交流了解他们的兴趣、梦想和挑战。尊重孩子的个性和独特性,鼓励他们自由表达自己的想法和感受。在与孩子的互动中,家长可以发现自己在教育方面的不足之处,及时进行调整和改进。

第二,家长应该积极参与孩子的成长过程。陪伴孩子度过每一个重要的时刻,支持他们的兴趣爱好和课外活动。在孩子遇到困难时,给予他们足够的鼓励和支持,帮助他们克服困难、实现目标。通过与孩子共同经历,家长可以加深对孩子的了解,建立更加亲密的亲子关系。

第三,家长应该不断反思自己的教育方法和策略。思考自己在教育孩子方面的成功和失败之处,总结经验教训。借鉴其他家长的成功经验,参加家庭教育讲座和培训,获取更专业的知识和技巧。通过持续的学习和反思,家长可以不断完善自己的教育方法和策略,更好地引导孩子的成长。

第五章

家庭教育的实践探索

前面的章节探讨了家庭教育的理论基础。然而，理论只是指导实践的灯塔，真正的教育成果往往源自家庭教育的实践探索。本章重点聚焦家庭教育的实际操作，分享一些实用的方法和技巧，也揭示一些常见的误区和挑战。

第一节　不同人生阶段的家庭教育

一、胎儿期的家庭教育

对于即将或刚刚步入婚姻殿堂的年轻夫妇来说,孕育一个健康、聪明宝宝无疑是他们未来的美好憧憬。然而,随之而来的诸多疑惑也常常困扰着他们。如何才能孕育一个理想的宝宝? 如何在了解胎儿生长发育规律基础上为宝宝的诞生做好充分的准备? 这些都是这一阶段年轻夫妇关注的问题。家庭教育需要指导年轻夫妇做好优生优育,确保他们能够在孕育过程中为宝宝的健康打下坚实的基础。通过了解胎儿的生长发育规律,年轻夫妇可以更好地规划自己的孕育计划,并为宝宝的到来做好充分的心理和物质准备。

(一)优化胎儿生长环境

胎儿在母体内的生长环境对其健康发育至关重要,是保障婴儿健康和提高出生人口质量的关键因素。为了给胎儿创造一个良好的生长环境,准备怀孕的夫妻需要同时关注身体的内环境和生活的外环境。

内环境是指母体的身体健康和心理状态。为了准备怀孕,夫妻双方都需要保持身体健康,进行适当的运动,调整生活方式,戒烟、戒酒、避免过度劳累等。此外,保持良好的心理状态也非常重要,夫妻双方应相互关爱、支持,共同为未来的宝宝创造一个温暖、和谐的家庭氛围。

外环境是指母亲生活的环境,包括居住的居室和周围的环境。居室应保持清新爽洁,尽量避免环境污染和噪音干扰。同时,家庭布置应以浪漫温馨为主,营造一个和谐轻快的氛围,让母亲在怀孕期间感受到温馨和舒适。怀孕后,室内空气要保持清新,避免有害气体和污染。同时,饮食营养也很重要,应科学地增加营养摄入,保证胎儿的正常发育。

怀孕期间的用药也要特别谨慎。孕妇不应随意使用药物,特别是抗

生素和激素类药物,防止药物对胎儿造成不良影响。同时,孕妇的心理
状态对胎儿的发育也有很大的影响。孕妇应保持愉快、轻松的心态,多
听音乐、阅读有益的书籍、看电影等,进行自我心理调节,避免生气、焦
虑、抑郁等不良情绪的刺激。此外,孕妇应多到公园等空气清新的地方
散步,接触美好的事物,这样有利于母亲和胎儿的身心健康。

（二）了解胎儿生长发育规律

1. 了解胎儿生长发育规律的必要性

怀孕后,夫妻之间的情感和心理状态往往会经历微妙的转变。大多
数家庭丈夫会变得更加细心、殷勤,妻子则更加温柔、体贴和善解人意。
这种情感共振和心理变化是自然的,也是夫妻关系中一段美好的经历。

夫妻双方还要为未来责任做好认知准备。随着胎儿的生长发育,年
轻夫妇需要了解更多关于胎儿生长的知识,包括胎儿的发育阶段、生长
速度、营养需求等。这些胎儿生长发育规律的知识可以帮助夫妻更好地
为胎儿健康成长提供必要的支持和养护,也有助于夫妻更好地应对孕期
可能遇到的各种问题和挑战,如孕期不适、产前检查、分娩准备等。这
样,不仅能帮助他们更好地照顾胎儿,也能让夫妻双方更好地理解彼此
在孕期和育儿期的角色和责任。

因此,对于年轻的夫妇来说,了解胎儿生长发育的规律是一门必修
的课程。通过学习这门课程,他们可以更好地为胎儿的健康成长提供必
要的支持和养护,也能更好地理解彼此的情感和需求,为未来的育儿生
活打下坚实的基础。

2. 胎儿的生长发育规律

在怀孕的前两个月,胎儿被称作"胚芽"。这个时候胎儿身长已经
长到了约3cm,体重约为4g,虽然微小,但已经初具人的形态,他们的头
部、身体以及手和脚已经能够被分辨出来。这个阶段的妊娠反应会让准
妈妈的食欲有所下降,情绪也会受到影响,可能会情绪低落。此时,准爸
爸要更加理解和关心准妈妈的情绪变化,主动与她沟通,帮助她缓解心

理压力。可以尝试为妻子准备一些清淡、易消化的食物，改善妻子的食欲。同时，尽可能多地陪伴和支持妻子，让她感受到家庭的温暖和关爱。

怀孕 3 个月时正式进入了胎儿期，身长已增长到约 8cm，体重约为 25g。这个阶段胎儿各种器官开始分化，为发展各种特殊功能打下基础。外生殖器已经发育，能够区分性别。这个阶段准妈妈的妊娠反应可能更为严重，情绪更容易受到影响。准爸爸需要时刻表现出对准妈妈的爱和关心，细心照顾她的需求，并提醒准妈妈养成良好的生活习惯和饮食习惯，积极参与胎教，如多与胎儿交流等。需要强调的是，胚胎期（受孕后的前三个月）是生长发育最重要的时期。如果孕妇在头三个月内遭受不良影响，如刺激、创伤、感染、药物或营养缺乏等，都可能影响胎儿的正常发育。因此，孕妇在怀孕初期应特别注意加强保健工作，确保胎儿的健康发育。

怀孕 4-6 个月期间，胎儿的身长已经增长到约 16cm，体重约为 150g。这个阶段胎儿体型逐渐变得匀称，听觉、视觉、味觉等感官进一步发育。胎儿开始形成呼吸动作，并能够进行咳嗽、打嗝、皱眉、眯眼等动作。熟睡时，胎儿甚至会被外界的声音吵醒。此外，胎儿还会吸吮自己的大拇指，能够吞咽身体周围的羊水并通过小便排在羊膜腔中。这个时期胎儿的大脑已经发育，能够及时产生与准妈妈一致的喜怒哀乐等感受。这意味着胎儿已经开始对外界刺激做出反应，并与母亲建立情感联系。准爸爸在这个阶段扮演着重要的角色，他应该经常陪伴准妈妈进行散步或其他适当的运动，确保准妈妈的身体健康。此外，准爸爸还应有计划地为胎宝宝进行循序渐进的胎教，如与胎儿对话、播放胎教音乐等。同时，准爸爸要陪同准妈妈参加产前学习班，了解孕期及生产知识，以便更好地应对孕期和产后的各种挑战。除了这些活动外，准爸爸还应定期陪同准妈妈进行孕期检查，确保胎儿的健康状况。

怀孕 9 个月时，胎儿的身长已经达到了约 46cm，体重约为 2500g。这个阶段胎儿皮下脂肪沉积，身体各部分都比较丰满，看起来全身圆滚滚的，非常可爱。同时，胎儿的胎毛逐渐消退，脸、胸、腹、手、足等部位的毛发也逐渐变得稀疏。虽然此时胎儿发育尚未完全成熟，但机体内脏功能已经趋于完善，能够适应子宫外的生活条件。这意味着如果发生早产情况，胎儿出生后的存活率也会相应提高，能够较好地生活。这个时期，准爸爸和准妈妈都应更加关注自身的生活习惯和胎儿的健康状况。准爸爸继续协助准妈妈进行适当的运动，如散步、孕妇瑜伽等，以保持身体健康。同时,准爸爸还可以继续通过与胎儿对话、为胎儿播放胎教音乐等方式促进胎儿的感官和大脑发育。此外,准爸爸和准妈妈还应保持积极乐观的心态,避免过度焦虑和压力。

怀孕第 10 个月,胎儿已经从微小的受精卵成长为成熟的胎儿。此时,胎儿外观已经与足月婴儿相似,身长约为 52cm,体重约为 3200g。胎儿的皮肤红润,皮下脂肪发育良好,体形丰满,看起来十分健康。而且,胎儿的指甲和趾甲已经生长到指端,足底的皮肤纹理也变得更加明显。胎儿的头颅骨质坚硬,耳朵软骨发育完善,保持直立位置。头发粗直光亮,长度约 3cm,额部的发际线清晰可见。这个时期,准爸爸应该尽可能地陪伴准妈妈,给予她支持和鼓励,帮助她消除紧张和恐惧心理。准爸爸可以与准妈妈一起准备分娩所需的物品,了解分娩知识,讨论如何应对分娩过程中的各种情况。此外,准爸爸还应关心准妈妈的心理状态,倾听她的感受和担忧,为她提供情感上的支持和安慰。

(三)合理地进行科学胎教

胎教是指在胎儿生长发育过程中,通过外部环境给予胎儿适当的刺激,促进胎儿的生长发育和智力发展。胎教内容包括音乐胎教、抚摸胎教、语言胎教、光照胎教等多种形式。

音乐胎教是利用音乐刺激胎儿听觉的方式促进胎儿发育。选择节奏明快、旋律优美的音乐能够让胎儿感受到愉悦和安全感,促进其神经系统的发育。

抚摸胎教是通过母亲或父亲的轻柔抚摸与胎儿进行亲密的互动。这种触觉上的交流有助于建立亲子间的深厚情感纽带,也有助于胎儿触觉和感知能力的发展。

语言胎教是利用父母的声音与胎儿进行沟通。通过给胎儿讲故事、读诗歌、聊天等方式刺激其听觉记忆,为日后语言能力发展打下坚实的基础。

光照胎教是利用适当的光线刺激促进胎儿视觉的发育。不过,这种方式需要在医生指导下进行,以免对胎儿造成不良影响。

在胎教的过程中,需要注意以下几点:

第一,选择适当的时间进行胎教。胎教需要在胎儿清醒且能够从母亲供血中获得足够营养的条件下进行,如母亲饭后两小时内。同时,需要根据胎儿的生长发育阶段选择合适的胎教方式。

第二,选择适当的音乐胎教。在音乐胎教时应选择舒缓的乐曲,避免不合格的音乐,如音频较高、节奏很强的摇滚乐等,以免对胎儿的听觉神经造成影响。

第三,抚摸胎教需要注意力度和方式。抚摸胎教可以帮助胎儿建立触觉上的刺激,促进其生长发育,但抚摸时需要注意力度和方式,避免用力按压或做大幅度旋转对胎儿造成伤害。

第四,语言胎教要用温柔的语言与胎儿交流。语言胎教可以帮助胎儿建立语言上的刺激,促进其智力发展。在语言胎教时要用温柔的语言与胎儿交流,避免大声喧哗或使用不适当的语言。

第五,光照胎教要注意光线的强度和时间。光照胎教可以帮助胎儿建立视觉上的刺激,促进其视觉发育。在光照胎教时,需要选择适当的光线强度和时间,避免过强或过弱的光线对胎儿造成影响。

二、乳婴儿期的家庭教育

孩子出生后的第一个月被称为"新生儿期"。在这个阶段,孩子看起来非常脆弱娇嫩,身体非常柔软。这一个月,孩子通常非常安静,大部分时间都在睡眠中度过,通过睡眠恢复体力和适应新的环境。

从第一个月到1岁被称为"乳儿期"。在这个阶段,孩子开始逐渐适应周围的环境,逐渐学会坐、爬、站立和行走等基本技能。这个时期是孩子身体发育的关键时期,家庭教育的重点是提供适当的照顾和适宜的环境,确保孩子健康成长。

从1岁到3岁被称为"婴儿期"。在这个阶段,孩子的身体和智力发展迅速,开始能够进行简单的语言交流,模仿和探索周围的环境。家庭教育的任务是提供安全、舒适的环境,鼓励孩子探索和学习,并培养他们的语言和社交技能。

（一）乳儿期的身心发展特征

乳儿期指的是孩子从出生到 1 岁的阶段，乳儿期的孩子身心发展呈现出一系列显著的特征。

首先，乳儿期的生长发育非常迅速，尤其是脑部的发育。新生儿出生时脑重量约为 390g，而到了 9 个月时，脑重量会增长到约 660g，这一增长速度在人的一生中是最快的。神经突触的数量和长度不断增加，神经髓鞘开始形成，皮质抑制机能开始发展，但兴奋过程仍占优势。

其次，乳儿期的动作发展非常迅速。从上部动作到下部动作，从大肌肉运动到精细肌肉群的动作均按一定顺序发展。孩子会先学会抬头、翻身、坐起，然后学会爬行、站立和行走。这些动作的发展对孩子的认知和语言发展都有重要影响。

此外，乳儿期的心理机能也从简单到复杂、从被动到主动、从笼统弥散的泛化到具体准确的专门化发展。定向反射的形成使乳儿能注意新鲜事物，表现出初步的记忆能力。乳儿开始听懂一些简单的词语，明白一些成人的手势，能与成人发生一定程度的交流。情绪也在这一阶段开始形成，一般在出生后两岁半前完成。

乳儿期是孩子身心发展的关键期，需要充足的营养和适当的刺激。家长可以通过给予孩子丰富的视觉、听觉和触觉刺激，提供安全的环境和适合的玩具促进孩子的正常发展。同时，建立良好的亲子关系和信任感也是乳儿期发展的重要任务之一。

（二）婴儿期的身心发展特征

从 1 岁到 3 岁这个阶段被称为"婴儿期"，这是个体发展的一个重要阶段。婴儿的身心发展呈现出以下特征：

第一，婴儿的身体发展非常迅速，尤其在运动技能方面。婴儿开始学会走路、跑步、跳跃和攀爬等基本动作，肌肉和骨骼的发育逐渐成熟。

第二，在认知方面，婴儿开始对周围环境产生浓厚的兴趣，通过感知探索了解世界。他们注意力逐渐发展，记忆力逐步增强，能够记住一些人和物，并且开始理解一些较为复杂的指令。

第三，在语言发展方面，婴儿开始使用简单的词汇和句子表达自己的需求和感受,尤其在 1 岁半到 2 岁之间语言能力快速发展。

第四,在情感和社会性发展方面,婴儿开始表现出自我意识,能够进行简单的自我介绍,表达自己的情绪和意愿。他们也开始对一些简单的游戏和玩具产生兴趣,与同龄孩子和成人进行一些初步的互动和交流。此外,婴儿的个性也开始形成,表现出不同的性格特征和喜好,有自己的想法和意愿,不再完全依赖父母。

这一时期,家长要给予孩子足够的关爱、刺激和安全感,提供适合其年龄的玩具和游戏,促进孩子身心全面发展。同时,教育孩子的基本原则包括培养良好的生活习惯、建立规矩、鼓励探索和学习等。

（三）乳婴儿期的主要家庭教育内容

1. 健康哺育

健康哺育是乳婴儿期的主要家庭教育内容之一。乳婴儿期孩子的生长发育非常迅速,提供充足的营养和良好的哺育环境是至关重要的。

首先,提倡母乳喂养是健康哺育的重要方面。母乳喂养能够提供孩子所需的营养,增强孩子的免疫力,促进母子之间的情感联系。如果无法母乳喂养,应该选择适当的婴儿配方奶,并且按照说明书正确喂养。

其次,良好的睡眠和情绪状态也是健康哺育的重要方面。乳婴儿需要充足的睡眠来促进生长发育,家长应该尽量为其创造一个安静、舒适的睡眠环境。此外,关注孩子的情绪变化,给予足够的关爱和安全感,帮助孩子形成健康的情感基础。

2. 养成孩子良好的生活习惯

养成孩子良好的生活习惯是乳婴儿期的主要家庭教育内容之一。乳婴儿期孩子的身心发展尚未完全成熟,需要家长的培养和引导,帮助孩子形成良好的生活习惯。

首先,规律的作息时间是非常重要的。家长应该帮助孩子建立规律的睡眠和饮食时间表,保证孩子有充足的休息和营养,这有助于孩子的身体发育和健康成长。

其次,卫生习惯的养成也是乳婴儿期家庭教育的重要内容之一。家长应该定期为孩子洗澡、换洗衣物、保持清洁卫生,预防疾病和感染。同时,注意口腔和皮肤的护理,定期带孩子去接种疫苗。

此外,家长还应该培养孩子良好的饮食习惯,包括定时定量、营养均衡、不偏食不挑食等。家长应该注意控制孩子的饮食量和糖分摄入,避免过度喂养和肥胖等问题。

3. 注重培养孩子的语言能力

在乳婴儿期,孩子的语言能力开始快速发展,家长应该抓住这个关键时期培养孩子的语言能力。

首先,家长应该多与孩子交流,尽可能多地与孩子说话、唱歌、讲故事等,帮助孩子听力的发展和语言的理解。

其次,家长应该注意使用简单、清晰的语言,避免使用复杂的词汇和句子结构。同时,家长可以重复和模仿一些简单的词语和句子,帮助孩子逐渐熟悉语言的结构和发音。

此外,家长还可以通过一些游戏和活动来帮助孩子发展语言能力。例如,让孩子听各种声音、看各种图片、摸各种物体等,帮助孩子通过感知探索了解世界,同时增加他们的词汇量和语言表达能力。

4. 促进乳婴儿感觉发展

感觉的发展包括视觉、听觉、触觉、味觉和嗅觉等方面,这些感觉的发展对孩子的认知、语言和社交能力的发展都有重要影响。乳婴儿期孩子通过观察、触摸、听声音等方式感知和探索周围的环境,家长应该提供丰富的视觉、听觉和触觉刺激,给孩子看各种颜色、形状和大小不同的物体和图片,听各种声音和音乐,触摸各种质地的物体等。

5. 做好孩子入园的准备

入园是孩子从家庭走向社会的第一步,也是他们开始独立生活的起点。乳婴儿期家长应该逐步帮助孩子适应这一转变,做好以下几个方面的准备。

第一，自理能力的培养。孩子入园前，家长应该培养他们基本的自理能力，如自己吃饭、上厕所、穿脱衣服等。这样可以帮助孩子更好地适应未来的幼儿园生活，减轻他们的焦虑感。

第二，社交能力的培养。孩子在幼儿园需要和其他孩子和老师进行互动，家长应该培养孩子的社交能力，如分享、排队、等待等基本礼仪。这有助于孩子更好地融入集体生活。

第三，语言和认知能力的培养。幼儿园是一个新的环境，孩子需要具备一定的语言和认知能力来理解并适应新的生活规律和要求。家长可以通过讲故事、看绘本、玩游戏等方式提高孩子的语言和认知能力。

第四，心理准备。入园对于孩子来说是一次心理上的挑战，家长应该帮助孩子做好心理准备，如通过描述幼儿园的生活、给孩子介绍老师和同学等让孩子对幼儿园有一个积极正面的认识。

第五，健康检查和免疫。孩子入园前家长应该带孩子进行全面的健康检查，确保孩子身体健康状况良好，并完成必要的免疫接种。

三、幼儿期的家庭教育

（一）幼儿期的身心发展特征

3至六七岁这段时期被称为"幼儿期"，也被称为"学龄前期"。以下是幼儿期的主要身心发展特征。

第一，身体发展幼儿期孩子身体发展显著，身高和体重稳步增长。这一阶段，孩子身体比例逐渐协调，肌肉也更为发达，能够进行更复杂的运动。除了大肌肉的发展，孩子的手部精细动作也得到了提升，例如，能够使用剪刀、画画等。这些身体的发展为孩子探索世界、与他人互动提供了基础。

第二，认知发展。幼儿期孩子认知能力飞速发展。孩子开始对周围的事物产生强烈的好奇心，尝试通过观察、操作等方式了解世界。孩子的注意力也提高了，能够更长时间地专注于某项活动或任务。他们的记忆力、想象力、思维能力等都有了明显的提升，能够更好地理解事物和解决问题。

第三,语言能力。幼儿期是语言能力发展的关键时期。孩子不仅能够理解并运用更多的词汇和语法结构,还能够更清晰地表达自己的观点和情感。他们开始使用更复杂的句子,进行更深入的交流。同时,孩子也逐渐学会倾听和理解他人的语言,这为他们的社交和情感发展奠定了基础。

第四,社交和情感发展。幼儿期孩子逐渐脱离对父母的完全依赖,开始与同龄伙伴建立关系。他们学会了分享、合作、互助等基本的社交技能,开始理解并遵守一些简单的社交规则。孩子的情感也得到了进一步的发展,开始能够更深入地理解和表达自己的情感,如喜怒哀乐、爱憎分明等。这些社交和情感的发展为孩子未来的社会适应和人际交往打下了坚实的基础。

第五,创造力萌芽。幼儿期是孩子创造力萌芽的时期。他们开始展现出丰富的想象力和创造力,能够创造出一些奇特、富有创意的作品。他们可以通过绘画、手工等方式表达自己的想象和创意。孩子也开始展现出初步的艺术鉴赏能力,能够欣赏和理解一些简单的艺术作品。这些创造力的萌芽为孩子未来的学习和创新提供了动力。

第六,自理能力发展。随着年龄的增长,幼儿逐渐表现出更强的独立性,开始学会自己照顾自己,如自己穿衣服、洗手、上厕所等。这些自理能力的提升不仅减轻了父母的负担,也为孩子未来的独立生活奠定了基础。同时,孩子也逐渐学会管理自己的行为和情绪,能够更好地适应集体生活和社交环境。

(二)幼儿期的家庭教育内容

1. 从小培养孩子良好的习惯

良好的习惯对孩子的成长和发展至关重要,影响他们的身心健康、学习效果和未来发展。幼儿期孩子的大脑快速发展,这是塑造良好习惯的最佳时期。幼儿期的家庭教育,家长可以着重培养以下几个方面的良好习惯。

(1)生活自理习惯。培养孩子独立生活的能力,如自己穿衣服、洗手、上厕所等。这不仅能够提高孩子的自理能力,还能够增强他们的自信心和责任感。

（2）良好的卫生习惯。教育孩子保持个人卫生,如勤洗手、刷牙、洗脸等。良好的卫生习惯有助于预防疾病,保持身体健康。

（3）良好的学习习惯。培养孩子对学习的兴趣和积极性,如按时完成作业、主动阅读等。良好的学习习惯能够提高孩子的学习效果,为将来的学业打下基础。

（4）良好的社交习惯。教育孩子尊重他人、关心他人、与人分享等。良好的社交习惯有助于孩子建立良好的人际关系,提高社交能力。

为了有效地培养孩子良好的习惯,家长还需要注意以下几点。

第一,家长要树立良好的榜样,表现出积极的生活态度和行为习惯,帮助孩子在模仿中逐渐养成良好的习惯。

第二,与孩子一起制定明确的家庭规则和行为规范,让孩子明确知道哪些行为是正确的、哪些是不正确的。同时,家长也要与孩子一起遵守规则,树立起规则意识。

第三,当孩子表现出良好习惯时,家长要及时肯定,增强自信心,强化积极行为。

第四,培养孩子良好的习惯需要时间和耐心,家长要坚持不懈地引导和帮助孩子,直至他们养成良好的习惯为止。

第五,一旦发现孩子有不良习惯或行为问题,要及时纠正并引导他们走向正确的方向。

第六,在培养孩子良好习惯过程中,要注重德、智、体、美、劳等方面的全面发展,促进孩子综合素质的提升。

2.给幼儿以正确的性别导向

正确的性别导向有助于孩子正确认识自己的性别,培养健康的性别意识和自尊自爱,为未来的成长和发展奠定基础。

幼儿期孩子开始对性别产生好奇,他们会观察和模仿与自己同性别的人的行为和特征。家长要给予孩子正确的性别导向,帮助他们理解男女性别差异、角色定位和尊重他人。以下是幼儿期家长进行正确的性别导向的几个方面。

（1）认识性别差异。家长可以告诉孩子男女性别之间的生理差异,让他们了解男孩和女孩的生理特点和功能。家长也要引导孩子认识到男女性别在性格、兴趣爱好等方面的差异,帮助孩子了解自己和他人的特点。

(2)树立正确的性别角色观念。家长要教育孩子尊重他人的性别,不歧视或嘲笑与自己不同性别的人。同时,家长也要鼓励孩子树立正确的性别角色观念,不要限制孩子的发展和兴趣,让他们自由选择自己喜欢的事物和活动。

(3)培养自尊自爱。家长要教育孩子自尊自爱,珍惜自己的身体和外貌。同时,家长也要教育孩子不要过于追求外在美,要注重内在品质和修养的培养。

(4)强化家庭教育中的性别意识。家庭教育中,性别意识培养是一个不可或缺的环节。家长可以通过日常生活中的点滴细节,潜移默化地强化孩子的性别意识,帮助他们建立正确的性别观念,促进其健康成长。

第一,家长应该根据孩子的性别为其提供相应的玩具和活动。男孩可以多玩一些汽车、积木等玩具,女孩则可以多玩一些娃娃、厨具等玩具。此外,家长还可以鼓励孩子参加一些与自己性别相关的活动,如男孩可以参加足球、篮球等运动,女孩则可以参加舞蹈、绘画等艺术活动。

第二,家长应该引导孩子正确看待性别差异。家长可以通过与孩子交流,告诉他们男女在生理和心理上的不同特点,让他们了解性别角色的差异。同时,家长也应该鼓励孩子发挥自己的个性,不拘泥于传统的性别角色限制,让其在自由发展的基础上更好地认识自己。

第三,家长还应该注意培养孩子的自我保护意识。家长应该告诉孩子如何保护自己的隐私部位,并教育他们如何应对性骚扰和性侵犯等行为。同时,家长还应该鼓励孩子勇敢地表达自己的意见和感受,培养其独立思考和自我保护的能力。

第四,家长应该营造一个平等、尊重的家庭氛围。无论孩子的性别如何,家长都应该给予他们平等的关爱和支持,尊重他们的选择和决定。在这样的家庭氛围中成长起来的孩子,能够更加自信、自主地面对未来的挑战。

(5)避免过度强调性别特征。家长要避免过度强调孩子的性别特征,不要强制要求孩子符合某种性别的刻板印象。每个孩子都是独特的个体,有着自己的特点和兴趣。家长应该尊重孩子的个性和选择,支持他们自由发展。

（6）与学校和社会共同合作。家长要与学校和社会合作，关注孩子在学校和社会中的性别导向问题。如果发现有不当的性别导向行为或言语，要及时纠正并引导孩子走向正确的方向。

3. 注重幼儿语言、记忆、思维等能力的培养

幼儿期孩子的语言能力、记忆力和思维能力等发展快速，家长需要抓住这一关键期通过多种方式培养孩子的这些能力。以下是家长在幼儿期培养孩子语言、记忆、思维等能力的几个方面。

（1）语言能力的培养

第一，与孩子多交流。家长要与孩子多说话、多交流，鼓励孩子表达自己的想法和感受。在与孩子日常互动中教孩子正确的发音、语法和词汇，提高他们的口语表达能力。

第二，阅读图书。提供适合孩子年龄的图书，通过亲子阅读等方式帮助孩子理解故事内容。这不仅可以丰富孩子的词汇量，还可以提高他们的阅读理解能力。

第三，创造语言环境。家长可以在家中创造一个丰富的语言环境，让孩子多听、多说、多模仿。例如，播放儿童故事、儿歌等，让孩子在愉悦的氛围中学习语言。现在是智慧时代，各种阅读和听读等内容很多，而且质量很高。比如张泉灵、凯叔等在这方面做了很多工作。

（2）记忆能力的培养

记忆力培养的方法有很多，下面主要对几个具有代表性的方法进行简要阐述。

第一，重复记忆法。通过重复和复习来加强孩子的记忆。家长可以多次重复某些信息或故事，让孩子逐渐记住。

第二，分类记忆法。教孩子将信息分类整理，以便更容易记忆。例如，将物品按颜色、形状或功能分类。

第三，联想记忆法。鼓励孩子将需要记忆的信息与已知的事物联系起来，通过联想帮助记忆。

（3）思维能力的培养

家长可以通过以下几种方法来培养孩子的思维能力。

第一，提问与思考。家长可以向孩子提出问题，鼓励他们思考并回

答。问题可以从简单到复杂,逐渐提高孩子的思维能力和分析能力。

第二,解决问题的方法。教孩子用多种方法来解决问题,培养他们的创新思维和解决问题的能力。家长可以提供一些开放性问题,让孩子自己寻找答案并探索解决方案。

第三,分类与归纳。教孩子将物品或信息分类整理,让他们了解分类的概念并归纳总结。这有助于提高孩子的逻辑思维和组织能力。

4. 注重幼儿良好个性的培养

个性是一个人独特的思维、情感和行为模式,幼儿期是个性形成的关键时期。幼儿时期,由于大脑的快速发育和经验的积累,孩子的个性倾向开始形成,并对未来的心理发展产生深远的影响。

父母在这个时期起到了至关重要的作用,他们的行为、态度和价值观都会深深地影响孩子。因此,父母要注意自己的言行,以身作则,为孩子提供一个积极、健康的成长环境。父母要培养孩子善良、乐观、热情、友好、情绪平稳、社会适应能力强等良好人格特征,当然父母自己首先需要具备这些品质。通过自身的行为示范让孩子看到正确的行为标准,从而形成良好的个性品质。父母还应该提供适当的支持和引导,帮助孩子处理困难和挑战,培养他们的解决问题能力和抗压能力。同时,鼓励孩子表达自己的情感和想法,与他们建立亲密的关系,促进情感和社会技能的发展。

要注意的是,每个孩子都是独特的个体,他们的发展速度和方式有所不同。父母需要理解并接受孩子的独特性,根据他们的需求和能力进行个性化的培养。

5. 注重幼儿良好情绪情感的培养

情绪情感对幼儿的身心发展和日常生活都有着广泛的影响,因此培养幼儿的积极情绪和情感是非常关键的。

幼儿期孩子正处于情感发展的关键阶段,他们开始逐渐产生自我意识和情感体验,对周围的事物和人产生喜怒哀乐等不同的情绪反应。因此,家长需要关注孩子的情感需求,通过多种方式培养孩子良好的情绪情感。以下是家长在幼儿期培养孩子良好情绪情感的几个方面。

（1）注意自身情绪管理

家长要注意自己的情绪管理，不要将负面情绪带给孩子。在面对困难和挑战时，家长要保持冷静、乐观的态度，为孩子树立积极向上的榜样。

（2）提供关爱与安全感

家长要为孩子提供一个温馨、和谐的家庭氛围，让孩子感受到家长的关爱和安全感。与孩子建立亲密的关系，多陪伴、拥抱、亲吻等，让孩子感受到家庭的温暖和支持。

（3）避免过度溺爱和过度保护

家长要适度满足孩子的需求，避免过度溺爱和过度保护导致孩子依赖性强、自我调节能力差等问题。适当的时候，让孩子面对一些小挫折和困难，培养他们的抗挫能力和自我调节能力。

（4）理解和接纳孩子的情绪

当孩子出现消极情绪时，家长要理解孩子的感受，接纳孩子的情绪，不要轻易压制或否定。与孩子共情，帮助他们认识自己的情绪并找到适当的表达方式。

（5）积极引导正面情绪

在日常生活中家长要关注孩子的情绪变化，及时发现孩子的积极情绪，鼓励并强化这些正面情绪的出现。当孩子表现出快乐、满足、自豪等积极情绪时，家长要及时给予肯定和赞扬。

（6）培养情绪认知和表达能力

家长要教孩子认识不同的情绪如高兴、伤心、愤怒等，并让他们学会用语言描述自己的感受。通过与孩子的交流和讨论帮助他们理解自己的情绪并学会表达自己的情感需求。

（7）帮助孩子调节情绪

当孩子出现消极情绪时，家长要教孩子一些调节情绪的方法，如深呼吸、数数、运动等。同时，家长也要在孩子面前展示如何调节自己的情绪，为孩子树立榜样。

（8）培养同理心和关心他人

家长要教育孩子关心他人的感受和需要，培养他们的同理心和同情心。通过分享自己的经历和感受，让孩子学会理解和尊重他人的情感。

6. 重视幼儿的安全教育

当今社会,儿童的安全问题已经成为一个不容忽视的重大问题。每天,我们都能从各种媒体上看到关于儿童意外伤害的报道,这些报道来自全国各地,涉及各种各样的伤害事件。意外伤害已经成为导致儿童受伤、残疾甚至死亡的第一大原因。在这些意外伤害中,车祸、跌落、烧伤、溺水、中毒等都是主要原因,特别是幼儿跌落损伤、烫伤烧伤、硬物夹伤和宠物咬伤等情况频频发生。这些伤害往往由于幼儿的好奇心强,自我保护意识薄弱,以及缺乏必要的自我保护能力所导致的。

究其背后的原因,家长家庭安全知识缺乏、安全防范意识薄弱以及对孩子监护措施和安全教育不重视都是导致这些伤害事件发生的重要原因。同时,家中可能产生安全隐患的物件和设施,如剪刀、农药、燃料、电器、阳台和窗口等,如果没有得到适当的控制和管理,也可能引发严重的安全事故。

作为家长,不仅要加强对幼儿的安全教育,让他们知道哪些东西不能碰、哪些事情不能做、哪些地方不能去,更要时刻提醒和引导他们,对一些危险的行为活动如爬高、奔跑、玩火、游水等进行劝阻。同时,也要禁止孩子在家居周边的河川、道路等存在安全隐患的地点玩耍。家长还应该教给孩子一些应对意外情况的方法和技巧,让他们在发生危险时能够及时呼救并采取正确的自救措施,有助于减少甚至避免一些意外对孩子人身安全构成的威胁。

7. 做好孩子入学的准备工作

对孩子来说,进入小学是一个重要的转折点,标志着他们正式踏入了学校教育体系。此时,孩子需要面临生活方式、学习内容和要求的转变。一年级开始,他们将系统地学习各学科的基础知识,不再是单纯地以游戏和玩乐为主。这样的转变会给他们带来一定的学习压力,同时,他们也需要适应严格的纪律要求。

入学准备不仅仅是指学习准备,还包括心理准备、物质准备和生活准备等多个方面。对孩子来说,他们需要逐渐意识到自己已经不再是一个无忧无虑的小孩子,而是要开始承担学习责任的小学生。除了帮助孩子做好学习准备,家长还需要创造条件帮助孩子逐渐适应这种转变。物质方面,家长可以为孩子准备必要的学习用品,如书包、文具等;生活方面,家长可以帮助孩子建立良好的作息习惯和饮食习惯,保证他们有足够的精力和体力应对学习任务。

此外,家长还需要为孩子入学前后自身职责的变化做好心理准备。他们需要明白,教育子女不仅是学校的责任,也是家长的责任。家长应该积极参与孩子的学习生活,培养他们的学习兴趣和能力。不必过度关注读、写、算等学习能力,而应该注重培养孩子的综合素质和全面发展。

同时,家长还要训练孩子的注意力和意志力,这样他们未来能够在课堂上集中精力、专心听讲。这些能力的训练不仅有助于孩子在学校的学习表现,也对他们的未来发展有着重要的影响。

在履行这些职责的过程中,家长不仅是在教育孩子,也是在为自己树立良好的榜样。通过自己的言行举止,家长可以让孩子懂得各司其职的道理,并且让自己在教育子女的职责方面不留遗憾。

四、童年期的家庭教育

(一)童年期的身心发展特征

童年期通常指的是六七岁至十一二岁,这一时期是孩子身心发展的关键阶段。这时孩子身体发育进入一个相对平稳的阶段,相较于婴幼儿期和青春期,生长速度较慢但仍然在稳步发展。

这一阶段,孩子的骨骼和肌肉系统逐渐成熟,身体的协调性和灵活性提高。身高和体重稳步增长,逐渐接近成人的标准。此外,孩子的内脏器官也进一步发育,功能逐渐健全。

认知方面,童年期孩子开始具备更强的逻辑思考能力和分析能力,注意力、记忆力、语言表达能力等方面也有显著的提升。他们开始能够理解更复杂的概念,进行抽象思维,并具备一定的解决问题能力。

情感方面,孩子的情感世界更加丰富和复杂。他们开始理解并表达更多的情绪,如爱、愤怒、悲伤等,并逐渐学会调节自己的情绪。同时,他们也逐渐建立起与同龄人和成人之间的关系,社交能力得到发展。

道德发展也是童年期的一个重要特征。孩子开始理解并遵守社会规则和道德标准,形成良心的概念。他们逐渐懂得对与错、好与坏,并开始形成自己的道德标准。

（二）童年期的家庭教育内容

小学阶段的教育,父母要全面了解孩子的身心发展特征,关注孩子的学习、道德和生活技能培养,以积极的教育态度和科学的方法促进孩子的全面发展。同时,父母也应该注意调整自己的教育重点,从以生理满足为主的照顾逐渐转变为以身心并重的协助。

1. 做好幼小衔接的准备

对于孩子来说,上小学是他们人生中一个重要的转折点。他们将迈入一个新的生活阶段,开始接受系统的学科教育,与同龄人建立新的社交关系。大多数孩子内心深处早已对小学生活充满了好奇和向往,对新环境和新知识有浓厚的兴趣。孩子对新生活的期待和热情是宝贵的财富,这种热情和好奇心会促使他们积极地去探索和学习。父母需要充分理解孩子的这种心情,尽力保护他们的积极性。

为了避免孩子进入小学后因为生活环境的巨大变化而产生适应不良的情况,入学前父母可以采取一些措施。首先,可以带孩子到学校参观,让他们熟悉校园环境,了解学校的设施和日常运作。通过亲身体验,可以减轻孩子对陌生环境的恐惧感,增加其对新生活的期待。

父母还需要合理地安排家庭生活作息时间,帮助孩了逐渐适应学校的生活节奏。作息方面可以进行一些必要的训练,如规定孩子按时起床、刷牙、洗漱、吃饭和休息等,帮助孩子建立起良好的生活习惯,为适应学校生活做好准备。

父母也应该有意识地培养孩子的独立生活能力。在家庭生活中,逐渐放手让孩子独立完成一些简单的任务,如整理自己的玩具、收拾房间等。这样不仅可以帮助孩子建立起独立自主的意识,还能让他们更好地适应学校生活的要求。

社交能力也是孩子上小学后需要具备的重要能力之一。父母可以创造机会让孩子多结识一同上学的同伴,鼓励他们主动参与集体活动,与新同学建立友谊,让孩子更好地融入学校生活,减轻对新环境的陌生感。

最后,父母应该嘱咐孩子遵守学校的规章制度,尊重师长,与同学之间团结友爱。这些基本的道德规范和行为准则对于孩子在学校的生活和学习都是非常重要的。

2. 对孩子进行安全教育

随着家庭现代化的推进,家庭环境中的安全隐患也相应增多,特别是在小学生家庭。由于小学生安全意识相对薄弱,对事故的防范知识了解不足,加上自我保护能力和应变能力有限,使得他们容易成为家庭事故的主要受害者。

家长对孩子的安全负有不可推卸的责任。第一,家长应定期检查家庭环境,尽可能消除存在的安全隐患,如电线老化、燃气泄漏、阳台无护栏等。同时,对孩子进行必要的安全教育,让他们了解家中可能存在的危险,并教导他们如何避免和应对。

当孩子发生事故时,家长应采取迅速而准确的措施进行救护,并及时送往医院。此外,家长还应积极配合学校进行的安全教育活动,增强孩子的安全意识。

第三,家长要教给孩子如何应对紧急情况,如拨打110、119、120等求救电话。在家中,家长要教煤气和电器的安全使用、防火和救火知识以及如何科学地逃生等。

第四,孩子上学时,家长应提醒他们注意行走、乘车时的安全,告诫他们不要与陌生人交谈,不要吃陌生人给的食物或糖果等。在缺少成人监护的假期,尤其要重视孩子的游泳安全和烟花爆竹的使用安全。

3. 帮助孩子适应小学生活,处理好人际关系

学龄儿童家庭教育一个核心任务就是帮助孩子适应学校生活。这不仅涉及课业方面的适应,更重要的是人际关系方面的适应。

现在的孩子在家庭中往往得到过多的关注和宠爱,容易养成任性和以自我为中心的性格。这种性格特点在学校中可能会导致与其他同学的冲突不断,甚至可能面临被班上同学孤立的尴尬局面。

人际关系处理能力对孩子的成长同样至关重要,会决定他们长大后为人处世的态度和方法。因此,父母需要像关注孩子学业一样,关注孩子与同学、朋友的交往。为了帮助孩子更好地适应学校生活,父母可以采取以下措施。

（1）建立良好的沟通习惯

每天安排一段与孩子亲密交流的时间,倾听孩子的想法和感受,了解他们在学校的生活。这样可以增强与孩子的感情联系,也能及时发现并解决他们在人际交往中遇到的问题。

（2）培养孩子的社交技巧

教导孩子基本的社交礼仪,如分享、尊重他人、处理人际关系的方法等。可以通过角色扮演、故事讲述或者实际情境模拟帮助孩子理解和运用这些技巧。

（3）鼓励孩子参与集体活动

鼓励孩子参加学校的各类活动,如运动会、文艺表演等,增加孩子与同学互动的机会,提高他们的团队协作能力和集体荣誉感。

4. 培养孩子良好的学习习惯

良好的学习习惯不仅有助于提高学习效率,更能保证孩子在学习过程中保持专注,取得更好的学习效果。因此,如何培养孩子良好的学习习惯变得至关重要。

第一,培养孩子良好的时间管理习惯是非常必要的。家长可以帮助孩子制定合理的学习计划,让他们了解每天需要完成的学习任务和时间安排。这样有助于孩子形成有规律的学习生活,提高学习效率。

第二,培养孩子主动学习意识和独立思考能力也非常重要。家长可以鼓励孩子主动提出问题,引导他们通过自己的思考和探索来寻找答案。这样能够激发孩子的学习兴趣,培养他们自主学习的能力。

第三,培养孩子专注力和集中注意力也是关键。学习过程中,家长可以通过一些游戏和活动帮助孩子提高专注力,让他们在学习时更加集中精力。

第四,更为重要的,家长需要关注孩子的心理健康和情绪状态。在学习过程中孩子会遇到挫折和困难,家长需要给予他们足够的支持和鼓励,帮助他们克服困难,保持积极的心态。

5.培养孩子良好的品德习惯

良好的品德习惯是一个人生活中最宝贵的财富,不仅能够塑造个人的形象,还能够影响周围的人,为自己和他人创造更加美好的生活。童年期是培养孩子品德习惯的最佳时期,父母需要重视这一阶段的教育。

品德习惯的培养并非一蹴而就,需要长时间的积累和坚持。这个过程中,父母需要以身作则,成为孩子学习的榜样。通过自己的言行,传递给孩子正确的价值观和行为准则,帮助孩子在日常生活中逐渐形成良好的品德习惯。

诚实、守信、尊重他人等是良好的品德习惯的具体表现。这些品质不仅能够帮助孩子在人际交往中获得信任和尊重,还能够让他们在未来的生活和工作中更加顺利。因此,父母要从点滴小事做起,引导孩子树立正确的道德观念,培养他们良好的品德习惯。

日常生活中,父母要随时进行品德教育,让孩子时刻感受到道德的力量。可以通过与孩子交流、讲解故事、观看影片等方式引导孩子思考道德问题,培养他们的道德判断力和行为准则。

6.开展青春前期家庭性教育

青春前期的性教育对孩子的身心发展具有非常重要的意义。随着年龄的增长,孩子开始逐渐意识到自己的身体变化和性意识的出现。然而,由于社会文化背景和家庭教育观念的影响,性教育方面缺乏足够的关注和指导。

月经初潮和首次遗精是孩子进入青春期的标志,女孩通常比男孩更早经历这些生理变化。孩子的身体和心理发生巨大的变化,他们开始对性产生更多的兴趣。因此,家庭性教育尤为重要。父母不仅要关注孩子的生理发育,还要关注孩子的心理需求和情感变化。青春前期家庭性教育的主要任务包括以下几方面。

(1)提供科学的性知识

父母应该向孩子传授正确的性知识,帮助他们了解人体的生理结构和生殖器官的发育过程。这些知识不仅可以帮助孩子更好地理解自己的身体变化,还可以增强他们的自我认知和自我保护能力。

（2）树立正确的性意识

父母应该引导孩子树立正确的性观念,明白性是人类正常的生理需求和心理需求,同时也要遵循社会道德规范和法律法规。正确的性意识可以帮助孩子更好地处理与性相关的问题,避免不必要的困扰和风险。

（3）培养健全的性心理

父母应该关注孩子的情感需求和心理变化,帮助他们建立健康的性心理,包括培养孩子积极向上的情感态度、增强自信心、建立良好的人际关系等。健康的性心理可以帮助孩子更好地应对与性相关的问题和挑战。

（4）传授自我保护的方法

父母应该向孩子传授自我保护的知识和方法,帮助他们了解如何避免性骚扰、性侵犯和其他性伤害,进而帮助孩子更好地保护自己的身体和隐私,健康安全地成长。

（5）合理饮食控制发育

合理饮食对孩子的身体发育和性发育非常重要。父母应该注意孩子的饮食结构,控制软饮料、洋快餐等高热量、高脂肪、高糖分食物的摄入量,避免过度肥胖或营养不良等健康问题。同时,也应该避免让孩子接触含有激素等刺激性物质的食品和药品,防止性早熟,影响正常的生长发育。

五、青少年期的家庭教育

（一）青少年期的身心发展特征

青少年处于青春发育期,生理上蓬勃发展,身体的外形和机能都越来越成熟。青少年的身体外形的变化显著,如身高快速增长,头面部也向成人体貌特征发展;发际线提高;性的发育和成熟是人体最晚的,性的成熟一般就标志着人体生理发育的完成。青少年期性器官明显发育,第二性征出现。青少年的大脑发育趋向完善,表现为脑重量接近成人,脑神经细胞的分化机能达到成人水平。大脑皮层兴奋性强而抑制能力弱,表现为喜欢追求新奇刺激的事物、精力旺盛、好奇心强、富于幻想等。生理的迅速发展使青少年产生"成人感",这与其半成熟的心理发展状态产生矛盾,出现身体与心理发展的不平衡、不匹配。

这一时期,青少年自我意识迅猛发展,他们关心自己的外貌,在意自己的价值,重视个性的发展等。在这种情况下,不少青少年会感觉父母、师长等难以理解自己的想法,因此拒绝交流,呈现出心理的封闭性。然而,他们内心又普遍渴望与朋友交流、得到认可,呈现出心理的开放性。

青少年在这一时期逐渐进入"心理断乳期",表现为反抗家长、老师的管束,希望自己有决定权。然而,由于心理上处于半成熟状态,又希望得到家长、老师在精神上的理解、陪伴与保护。

青少年阶段情绪的起伏变化大,情绪表达很直接,口无遮拦,容易起冲突,有时他们的情绪可能会显得阴阳怪气,态度不好,抗挫能力差,愤世嫉俗。

(二)青少年期的家庭教育内容

1. 帮助孩子认识自我

青少年阶段,孩子开始形成自我意识和自我认知,开始思考自己的兴趣、价值观和人生目标。因此,家长要关注孩子的心理变化,帮助他们认识自我,明确自己的定位和方向。

第一,家长要与孩子建立良好的沟通和信任关系。只有当孩子愿意与家长分享自己的想法和感受时,家长才能更好地了解孩子的内心世界,有针对性地引导他们认识自我。

第二,家长通过鼓励孩子参加有意义的活动帮助他们认识自我。例如,鼓励孩子参加兴趣小组、社区活动、志愿服务等,让孩子在不同的情境中体验不同的角色和责任,发现自己的兴趣和优势。

第三,家长要引导孩子进行自我反思和总结。日常生活中,可以鼓励孩子写日记、总结自己的学习和生活经验,让他们对自己的成长和变化有所认识和反思,从而更好地认识自我。

第四,家长注意不要过度干涉孩子自我认知过程。孩子需要自己去探索和发现自己的兴趣和价值观,家长可以在必要时给予指导和建议,但不要强制孩子按照自己的意愿去选择。

2. 对孩子进行正确的交友指导

随着青少年社交意识的萌发,他们的活动范围逐渐扩大,不再仅仅局限于家庭或班级。他们开始积极结交朋友,发展友谊,寻找与自己兴趣、爱好、性格和信念相投的人。对于他们来说,友谊是一种强大的动力和支持,他们视朋友为最亲密的人,愿意为朋友付出真心,分享自己的想法和感受。

然而,由于青少年尚未成熟,缺乏社会经验,辨别是非能力相对较弱。在选择朋友时,不会进行深入的考虑和筛选,容易结交品德不良的朋友。此外,由于他们对友谊的真正含义理解不够深刻,有时会出现盲目地为朋友付出,甚至做出不理智的行为。

在面对孩子交友问题时,家长不能忽视或出现教育失误。他们要意识到孩子可能会受到不良影响,走上错误的道路。因此,家长应当有意识地指导孩子如何选择朋友和与朋友交往。

3. 引导孩子健康使用网络

随着网络发展,青少年面临的网络问题日渐严重。网络上的不良信息、网络成瘾等问题对青少年身心健康造成了很大影响。家长需要对孩子的网络行为进行正确引导,充分发挥网络的积极作用。

第一,家长应该教育孩子正确对待网络。网络是一个有用的工具,可以用来获取知识、交流信息、学习技能等,同时也存在不良信息。家长应该告诉孩子,网络上的信息需要辨别真伪,不要轻易相信虚假信息,更不要在网络上随意泄露个人信息。

第二,家长应该教育孩子在网络中学会自我尊重和自我发展。在网络上,每个人都应该尊重他人的权利和尊严,不发表攻击、侮辱、谩骂等不良言论。同时,家长也应该鼓励孩子积极发表自己的观点和想法,发挥自己的创造力和想象力,通过网络平台展示自己的才华。

第三,家长应该教会孩子如何控制自己。网络成瘾是一种严重的问题,会对孩子的身心健康造成很大的影响。家长应该教会孩子合理安排时间,控制上网时间,不沉迷于网络游戏、社交媒体等虚拟世界中。同时,家长也应该鼓励孩子多参加户外运动、文化活动等有益身心健康的活动。

第四,家长可以通过做孩子网友与其谈论网络,了解孩子的网络行为和兴趣爱好,增进亲子关系。同时,家长也应该引导和培养孩子的道德辨别能力和信息加工能力,帮助孩子正确应对和处理泥沙俱下的网络内容。

第五,在必要时,家长可以采取一些技术手段保护孩子的网络安全。例如,安装反黄软件、加强过滤功能等,阻止孩子上不良网站,防止其浏览不良信息。

第六,对于有网瘾的青少年,家长要多关心、尊重、理解、信任孩子,建立良好的亲子关系,营造和谐温暖的家庭氛围,提供多种孩子感兴趣的活动,吸引孩子从虚拟世界中回到现实生活中来。必要时向专业矫治人士求助。

4. 指导孩子树立正确的学习观

中学阶段是青少年学生学习成长的黄金时期,此时他们的大脑和神经系统已经逐渐成熟,为深入学习提供了坚实的物质基础。随着自我意识的觉醒和独立性的增强,学习成为他们肩负的重要社会责任,并逐渐成为主导其生活的核心活动。

作为家长,了解孩子的学习特点并引导他们主动、努力且善于学习至关重要。中学阶段学习内容更为广泛和深入,学习进度明显加快,同时还需适应不同学科教师的教学方式。因此,孩子需要适时调整自己的学习策略以适应新的学习环境和节奏。此时家长应当给予孩子足够的支持与帮助,帮助他们顺利过渡到中学的学习生活中。

第一,家长应协助孩子树立正确的学习目标。引导他们将个人的学习需求与学校乃至国家的期望相结合,学习不仅仅是为了个人前途,更是为了集体荣誉和国家繁荣。

第二,加强学习方法的指导是关键。家长应鼓励孩子不仅"学会"知识,更要"会学"知识,掌握有效的学习方法能使学习事半功倍。家长应深入了解孩子的学习风格和遇到的问题,及时采取针对性的补救措施,帮助孩子克服学习上的困难,提升学习效果。

5.指导孩子树立正确消费观

随着社会的发展,各种消费文化、金钱观念和流行时尚对中学生的消费观念产生了深远的影响。为了帮助孩子树立正确的消费观念,家长需要采取一系列措施。

第一,家长应该以身作则,成为孩子正确消费观的榜样。通过自身的言行,传递勤俭持家的价值观,让孩子明白消费应该合理、节制和有意义。在家中,家长应该注重节约,避免浪费,引导孩子珍惜物品,养成节俭的习惯。

第二,家长应该根据家庭的实际情况和孩子的合理需要,每周或每月定期给孩子一定数量的零花钱。这样做可以让孩子学会规划和管理自己的财务,也能让他们学会节制和储蓄。在给孩子零花钱的同时,家长应该要求孩子为零花钱制定预算,记录开支情况,避免超前消费和冲动消费。

第三,家长应该引导孩子理性消费。教育孩子根据实际需要、经济条件和消费地位做出消费决策,让他们明白消费不仅仅是满足物质需求,更是要符合个人价值观和生活品质的要求。鼓励孩子选择适合自己的、有价值的商品和服务,而不是盲目追求时尚和潮流。

第四,家长可以通过与孩子一起购物、讨论消费话题等方式,增强孩子的消费意识和能力。在购物过程中,家长可以引导孩子关注商品的性价比、质量、品牌等因素,培养他们的比较和鉴别能力。在与孩子讨论消费话题时,可以引导他们思考消费背后的原因和意义,培养他们的独立思考能力。

6.对孩子进行生命教育

生命,对于每一个人来说都只有一次,是一切价值的前提。热爱生活、珍视生命是现代人最基本的素质。通过生命教育,家长可以帮助孩子更好地认识生命、珍惜生命、尊重生命和热爱生命,使他们学会关心自我、关心他人、关心自然和社会。这样的教育将为孩子的生存能力和生命质量奠定坚实的基础。为了实现这一目标,家长可以从以下几个方面着手。

第一,家长应该让孩子了解自己的成长过程,让他们明白生命来之不易,体会家长的养育之恩。这样可以帮助孩子更加珍惜自己的生命,重视健康,懂得感恩。

第二,家长应该给予孩子更多的关爱,让他们感受到家庭的温暖。家庭是孩子最安全的避风港,也是他们倾诉和求援的最佳对象。当孩子遇到困难或挫折时,他们可以向家长寻求支持和帮助。

第三,家长应该引导孩子养成健康的生活习惯。合理饮食、科学作息、不饮酒、不吸烟等习惯的养成,有助于孩子的身体健康和心理平衡。同时,家长还应该注重培养孩子承受挫折、调节情绪和控制冲动的能力,防止非理智行为的发生。

第四,更为重要的是,家长要向孩子传授安全知识,提高他们的自我保护、应急逃生和自我救护能力。在面对突发状况时,孩子能够冷静应对,采取适当的行动保护自己和他人的安全。

第二节　特殊群体的家庭教育

特殊群体的范围非常广泛,主要包括超常儿童、残疾儿童、罪错儿童、单亲儿童、重组家庭的儿童、收养家庭的儿童等。限于篇幅,本节主要对超常儿童、残疾儿童、罪错儿童、单亲儿童、重组家庭儿童、收养家庭儿童的家庭教育进行简要研究。

一、超常儿童的家庭教育

超常儿童是指智力、创造力、社交能力等各方面表现超出同龄儿童平均水平的儿童。这些儿童通常具有较高的天赋和潜力,需要得到特殊的关注和教育。

（一）超常儿童的特点

超常儿童具有显著的特点，下面主要从积极的方面对其特点进行论述。

第一，超常儿童通常具有高智商。他们的智商水平明显高于同龄人，这意味着他们可以更快地理解新知识，掌握新技能，具有更强的分析问题和解决问题的能力。

第二，超常儿童的学习能力非常强。他们能够快速地吸收新知识，掌握新技能，而且在学习过程中往往能够触类旁通，将所学知识运用到新的情境中。这种能力使超常儿童在学习方面具有很大的优势。

第三，超常儿童通常具有丰富的想象力和创造力。他们能够提出独特和新颖的想法，对事物有独特的见解。这种创造力是超常儿童在艺术、文学、科学等领域取得卓越成就的重要因素之一。

第四，超常儿童的记忆力超强。他们能够轻松记住大量的信息，而且在记忆过程中往往能够运用有效的记忆技巧。这种记忆力使超常儿童在学习和考试中具有很大的优势。

第五，超常儿童通常具有较高的自我管理能力。他们能够自主地学习和探索，不需要过多的监督和指导。这种自我管理能力使超常儿童在学习和生活中更加自主和独立。

第六，超常儿童的情绪管理能力较强。他们能够更好地处理挫折和压力，保持积极的学习态度。这种情绪管理能力使超常儿童在面对困难和挑战时更加从容和自信。

第七，超常儿童在某个领域有特别的兴趣和天赋。他们对某个特定领域（如数学、音乐、艺术等）表现出特别的兴趣和天赋，愿意投入更多的时间和精力去深入学习和探索。这种兴趣和天赋是超常儿童取得卓越成就的重要基础之一。

需要注意的是，每个超常儿童的特点略有不同，而且这些特点会随着年龄的增长而发生变化。因此，家长和教育工作者需要理解每个超常儿童的独特性，为他们提供适应其需求的支持和引导，帮助他们充分发挥潜力并取得卓越成就。

（二）超常儿童家庭教育策略

1. 理解孩子的独特性

超常儿童往往具有独特的兴趣和思维方式,家长要理解并尊重这些特点。家长要关注孩子的兴趣和才能,为他们提供适当的教育资源和机会,以满足他们学习和发展需求。同时,家长也要理解超常儿童可能面临的挑战,如孤独、压力等,并提供必要的支持和引导。

2. 提供丰富的学习环境

超常儿童需要丰富的学习环境刺激他们的智力和创造力。家长可以为孩子提供各种学习资源,如书籍、音乐、艺术材料等,以激发他们的学习兴趣和创造力。此外,家长还可以引导孩子参加各种学习活动,如科学实验、编程、音乐练习等,培养他们的综合素质和能力。

3. 培养独立性和责任感

培养独立性对于超常儿童来说至关重要。由于这些孩子通常具有较强的智力水平和学习能力,家长应该鼓励他们独立思考、自主解决问题。家庭教育中,家长可以逐步放手,让孩子自行处理力所能及的事务,如家务劳动、学习计划等。这样不仅能培养孩子的独立生活能力,还能提高他们的自我管理能力。

培养责任感是超常儿童家庭教育的重要一环。由于这些孩子往往天赋异禀,可能会因为过于自信而忽略对他人的关心和尊重。因此,家长应该引导孩子认识到自己的行为对他人和社会的责任,教育他们关心他人、尊重规则。在家中,家长可以通过让孩子承担一定的家务劳动或参与社区服务等方式,培养孩子的责任感和奉献精神。

4.引导发现与发挥潜能

超常儿童在某些领域具有特别的兴趣和天赋,教育者应引导他们发现并发挥自己的潜能。这可以通过提供具有挑战性的学习任务、组织相关的学习活动等方式实现,让超常儿童在实践中锻炼自己的能力和技能。

5.持续评估与调整

由于超常儿童的特性和需求各不相同,需要针对每个孩子制定个性化的教育计划,并持续评估和调整教育策略和方法。这可以通过定期评估学习进度、了解学生的需求和反馈等方式实现,以确保教育计划的有效性和适应性。

需要指出的是,超常儿童是少数,很多孩子小时候像超常儿童,尤其是学龄前无意学习能力超强的阶段,所以家长不要轻易定位。即便是超常儿童,培养和教育也要注意,要关注其全面发展和身心和谐。

二、残疾儿童的家庭教育

残疾儿童是指身体或智力上存在障碍的儿童,他们在学习和生活中面临着许多挑战。残疾儿童的家庭教育也因此具有其独特的特点和挑战。

(一)残疾儿童家庭教育的现状

目前,全球残疾儿童的数量相当庞大,他们面临着各种挑战和困难。家庭是这些孩子接受教育的主要场所之一,但在实际操作中,许多家庭在教育方面遇到了许多困难和挑战。

首先,社会观念的限制是一个重要因素。尽管现代社会对残疾人的认知在逐渐改变,但仍然存在一些传统的、负面的观念,认为残疾儿童无法得到良好的教育或者无法取得进步。这种观念会导致家庭对孩子的教育缺乏信心和动力。

其次,经济条件的限制也是一个不可忽视的因素。有的残疾儿童需要额外的医疗、康复和教育支持,这都会给家庭带来更多的经济负担。一些经济条件较差的家庭由于无法承担这些额外的支出,会导致孩子无法得到适当的教育和支持。

再次,教育资源的有限性也是一个问题。尽管全球都在努力提高残疾儿童的教育资源,但资源的分布仍然不均衡,一些地区或家庭可能难以获得合适的教育资源和支持,导致家庭无法为孩子提供适当的教育环境和机会。

最后,与专业机构的沟通和合作不畅也是一个常见的问题。有些家庭需要与医疗、康复和教育等专业机构合作,有时会遇到沟通障碍或合作不畅的情况。这可能影响孩子得到全面和专业的支持和帮助。

综上所述,目前全球残疾儿童家庭在教育方面面临着多方面的挑战和困难。为了改善这一状况,需要政府、社会和家庭共同努力,提高社会认知、提供经济支持、增加教育资源、加强专业合作等措施的实施,为残疾儿童创造一个更加平等和有爱的教育环境。

(二)残疾儿童家庭教育策略

1. 家长要了解孩子的特殊需求

家长应深入了解孩子的残疾类型和程度,包括了解孩子的兴趣、学习风格、能力等方面的特点,以便满足他们的特殊需求,为他们制定合适的教育计划。。

2. 家长要实施针对性教育,充分发挥孩子的优势

对不同类型的残疾,家长要采用不同的教育策略和方法。对于视力障碍的孩子,可以通过触觉、听觉等方式进行教育;对于智力障碍的孩子,可以着重培养他们的动手能力和社交技能。

3.家长要创造良好的家庭环境

家庭环境对孩子的成长至关重要,家长应为孩子创造一个安全、温馨、充满爱和关心的环境。在这样的环境中,孩子会更有信心和安全感,更愿意尝试新事物和接受挑战。

4.家长要提供适当的帮助和支持

家长应关注孩子的发展状况,及时给予帮助和支持,包括提供辅助器具、参加康复训练等。同时,家长要鼓励孩子独立完成力所能及的事情,提高他们的独立性和自我价值感。

5.家长要建立积极的亲子关系

家长应与孩子建立积极的亲子关系,加强沟通,关注孩子的情感需求。这有助于增强孩子的信任感和安全感,促进家庭教育的顺利实施。

6.家长要鼓励孩子点滴进步

残疾孩子只要有一点进步,有一点好的表现,家长都要予以鼓励和表扬。这样孩子不仅会对家长产生依靠感,也会对自己更有信心,更容易克服自卑心理。

7.家长要寻求专业机构的支持

家长可以寻求专业机构如康复中心、特殊教育学校等的支持,为孩子提供更专业的教育和训练。同时,通过专业机构,家长还可以获得更多的教育资源和信息,提高自身教育能力。

三、罪错未成年人家庭教育

（一）罪错未成年人家庭教育的原因

罪错未成年人是指在未成年阶段因违法或犯罪行为而被司法机关认定为有罪错的儿童。相对于一般未成年人，罪错未成年人的家庭教育面临更为复杂和严峻的挑战。概括来说，罪错未成年人的家庭教育问题主要包括以下几方面。

1. 家庭环境问题

许多罪错未成年人家庭环境不佳，如家庭关系紧张、父母离异、家庭暴力等。这些环境因素可能导致孩子缺乏关爱和支持，从而走上犯罪道路。

2. 教育缺失

一些家庭对孩子的教育重视不够，缺乏正确的教育方法和引导，导致孩子缺乏正确的价值观和人生观，容易受到不良影响。

3. 社会因素

社会上的贫困、失业、暴力等问题也可能影响家庭教育和孩子的成长，使孩子更容易陷入犯罪的泥潭。

4. 沟通障碍

一些家庭与孩子之间缺乏有效的沟通和理解，导致孩子无法得到适当的关心和支持，增加了他们走上犯罪道路的风险。

（二）罪错儿童的家庭教育

1. 未成年人罪错行为的预防

对有罪错行为的未成年人,要采取一种综合性的方法进行教育和引导。这种方法的重点在于预防,从思想观念和实际问题两个方面进行疏导。

首先,家长要提高对这些孩子的认识,了解他们的思想观念和行为动机。通过端正思想观念帮助他们树立正确的价值观和道德观,增强他们的道德意识。为了实现这一目标,家长要采用民主的、讨论的、批评说服等疏导方式,而不是强制或压服的方法。

其次,家长应重视解决这些孩子面临的实际问题。他们可能在学习上遇到困难,受到同学的歧视,缺乏学习与文娱活动的场地等。对于这些问题,家长要采取切实有效的措施,提供辅导、心理支持,改善学习环境等,帮助他们克服困难并获得更好的发展机会。

通过有效的疏导,家长不仅可以解决这些孩子的思想观念问题,还可以解决他们面临的实际问题,使他们获得心理平衡,并产生积极向上的信心和力量,避免进一步滑向犯罪的深渊,还可以帮助他们重新融入社会,成为有价值和有贡献的人。

2. 罪错未成年人的家庭教育

（1）面对有罪错行为的未成年人时,家长的作用至关重要。他们需要坚持正面教育,采用循循善诱的方法而不是过于严格或苛刻。孩子已经犯了错误,家长应让他们感受到家庭的温暖和支持,而不是歧视或放弃他们。

家长应该以高度负责的态度对待孩子的过失,而不是急于求成或做出过分的责备。他们应该以耐心和理解的态度,对孩子进行规劝和引导,帮助他们认识到自己的错误,并提高他们的自尊心和自信心。这样可以促使孩子产生纠正过失的决心和积极向上的愿望。

对犯有罪错行为的孩子进行家庭教育时,家长要更多地关注孩子的心理状态和情感需求。他们要通过感化的力量影响孩子,帮助他们认识到自己的错误,并激发他们内心的积极力量。这种感化力量不仅可以促使孩子纠正过失,还可以帮助他们建立正确的价值观和生活态度,为未来的成长和发展奠定坚实的基础。

(2)当未成年人犯有罪错过失时,他们往往因为道德标准模糊、是非观念颠倒而无法正确判断是非、荣辱与美丑。由于缺乏自我控制能力,他们容易受到情绪的影响,表现出懒散、松懈、粗野和轻浮的行为,家长要及时采取措施,帮助孩子消除这些模糊认识。

在帮助孩子认清错误本质与危害之后,家长应指出未来的美好前景,让他们看到改正错误所带来的积极影响。鼓励他们下定决心,彻底改正错误,振奋精神,迎接未来的挑战。

当孩子的思想言行有进步表现时,家长应及时给予鼓励和肯定,让他们感受到自己的改变是被看见和认可的。这样的鼓励可以增强孩子的自信心,帮助他们产生积极上进的决心和动力。

(3)培养孩子的志趣,发展特长,转移注意目标。对于犯过失的孩子,家长要采取更为开阔的教育方式,将注意力从过失转移到更广泛的领域,帮助孩子打开视野,培养多方面的兴趣和志趣。家长可以鼓励孩子尝试各种不同的活动和兴趣爱好,让他们体验到生活的多样性和乐趣,培养孩子的积极心态和自信心,使他们获得更多的成就感和自我价值感,更加全面地发展自己的潜力和才华,更加积极地面对生活中的挑战。

转移注意目标是一种有效的方法,可以帮助消除孩子的消极情绪,增强他们的信心。当孩子专注于自己的兴趣和特长时,容易忘记过失所带来的负面影响,从而减轻心理压力和焦虑。同时,通过发展广泛的志趣和特长,孩子可以更好地认识自己、了解自己,发现自己的优点和长处,更好地面对未来的挑战。

四、单亲家庭的家庭教育

单亲家庭指的是由于离婚、丧偶、分居、未婚生育等原因造成的只有父亲或母亲一方与未成年子女共同生活的家庭。在这样的家庭结构中,家长往往需要承担更多的责任和挑战,而孩子也会面临一些特殊的情感和生活问题。

对于单亲家庭的家长来说,不仅要扮演父母的双重角色,努力满足孩子的物质和情感需求,还要应对社会压力、经济困难以及个人情感问题。因此,单亲家长往往需要具备更强的心理承受能力和生活技能。而对于单亲家庭的孩子来说,会面临一些特殊的挑战。他们需要更早地学会独立,处理与单亲家长的关系,应对来自同龄人或社会的偏见和压力。此外,他们还更容易感到孤独、自卑或缺乏安全感。当然,单亲家庭并不意味着一定是不幸的,事实上,许多单亲家庭也能够为孩子提供健康、有爱的成长环境。关键在于单亲家长如何处理这一挑战,如何与孩子建立稳固的亲子关系,如何为孩子提供必要的支持和引导。

（一）单亲家庭的不利因素及对孩子的影响

1. 母爱的错位

在无父家庭,单亲母亲往往在感情问题上过于理想化。由于缺乏伴侣的支持和平衡,他们在离婚过程中会更加努力地争取孩子的抚养权。这样做,一方面是因为深爱孩子,不愿与孩子分离;另一方面,也可能是因为对自己的未来缺乏足够的信心和规划。

在获得抚养权后,这些母亲可能会长时间沉浸在失败婚姻的痛苦和悔恨之中。她们的消极心态会表现为对未来婚恋关系持有一种"可遇不可求"的态度,或者选择顺其自然,缺乏主动寻找新伴侣或建立新关系的动力。

在这样的心理状态下,这些母亲会将所有的情感和期望倾注在孩子身上。孩子成为她们生活的全部,甚至是生命的唯一寄托。为了满足孩子的需求,她们会毫无节制地提供物质和情感上的支持,甚至迁就孩子的一切过错和过失。

这种过度的溺爱和缺乏管教与批评的环境会导致孩子形成一些不良的性格特质,缺乏对他人感受的关心和理解,过度关注自己的需求和欲望,对规则和约束持有抵触和反抗的态度。这样,孩子会表现出妄自尊大、固执己见、独断专行、狭隘自私等特点。

为了避免这种情况的发生,单亲母亲要重新建立自己的生活重心,学会自我照顾和寻求必要的支持。同时,也要适度地调整与孩子的关

系,培养孩子的独立性和责任感。这不仅有助于孩子的个人成长,也能
为母亲自己创造一个更健康的生活环境。

2. 家庭悲剧的后果

当婚姻破裂演变为家庭悲剧时,男女主角往往会经历各种不同程度
的消极心理。这些心理问题包括但不限于抑郁、沮丧、愁苦、怨恨、心绪
狂躁、悲观厌世等,不仅影响个人的情感和心理健康,还会对他们的行
为产生负面影响。

由于情绪低落和心理困扰,男女主角可能变得消沉,对生活失去热
情和目标。他们可能放纵自己,表现出玩世不恭的态度,对工作和生活
不再像以前那样投入和负责。这种消极的行为模式不仅会影响自己的
生活质量,还会波及与他们关系密切的人,尤其是孩子。

在孩子面前,家长是他们的主要模仿对象和学习榜样。当家长表现
出消极心理和行为时,孩子会直接受到影响。具体来说,家长可能因为
自己的情绪问题而无心关注孩子的成长和教育,甚至可能放弃抚养和教
育子女的责任。有些家长甚至会将孩子当作砝码来报复对方,或者发泄
自己的怨恨和愤怒,完全不顾孩子的感受和需要。这些不健康、畸形的
心理和行为给孩子带来的影响是深远的。他们从父母身上看到了丑恶
和争吵,导致孩子会对生活失去信心和希望,甚至可能对他们的心理健
康和社会适应能力产生长期的负面影响。

3. 孩子承受巨大的精神痛苦

在双亲俱在、和睦完整的家庭孩子能够感受到稳定和安全感,生活
通常是无忧无虑、井然有序的。双亲的关爱、支持和引导,特别是母亲的
无私奉献让孩子体验到快乐、温暖和幸福。这种环境有助于孩子形成健
康的个性和完整的人格,他们的个性会朝着和谐、健全的方向发展。

然而,当父母因为婚前冲突离婚后原本和睦的家庭环境往往会变得
紧张和敌对。父母双方可能会因为矛盾和仇恨而采取各种手段攻击对
方,包括不允许孩子与对方见面,拒绝对方探视,甚至让孩子与对方的
父母和亲友断绝来往。这些行为的目的往往是为了报复对方,但对孩子

来说却因此失去了对父母的信赖和安全感。

在这种环境中,孩子会感到精神紧张焦虑,失去往日的快乐和宁静。会对父母产生不信任感,甚至对亲情产生冷漠、疏远和抵触的情绪。这种情绪会导致孩子对家庭和亲情产生逆反心理,空虚、忧伤、寂寞、沉闷等情绪会困扰着他们,使他们不愿意参加集体活动,学习成绩也可能因此下降。这些影响不仅会阻碍孩子的正常成长,还可能对他们的一生造成深远的影响。

因此,父母在离婚后应该尽量保持对孩子关爱的态度,避免将个人恩怨牵扯到孩子身上。同时,社会也应该加强对单亲家庭的支持和关注,为这些孩子提供必要的心理和物质支持,帮助他们克服困难,健康成长。

4. 孩子的健康成长受到影响

在夫妻共同主持、料理家务的家庭,无论是面对生活的困难还是孩子教育方面的难题,夫妻双方都会共同商量、齐心合力地妥善解决。这种合作和互相支持的精神为孩子提供了一个稳定和有爱的成长环境。夫妻离婚后,家庭结构发生巨大的变化。原本由夫妻共同承担的责任,现在只能由单亲家长独自承担。无论是单身父亲还是母亲,都要扮演两个角色,既是父亲又是母亲,这种角色的转变意味着需要承担更多的责任和压力。

由于精力和时间的限制,单亲家长在抚养和照顾孩子方面会力不从心,要花费更多的时间和精力来满足孩子的需求,而且由于单独承担全部责任,他们可能感到无力和挫败。家庭经济状况也发生了变化。原本夫妻双方共同承担的经济责任现在主要由单亲家长承担。收入可能不足以支撑整个家庭的生活开支,导致物质生活水平下降。这种经济压力会影响孩子的学习情绪和成长发展。

经济压力的增加、精力和时间的限制以及角色的转变,都使得单亲家长在抚养孩子方面面临更多的挑战,要寻求额外的支持和帮助克服这些困难,为孩子提供一个稳定、有爱的成长环境。

5. 易导致对孩子的溺爱和娇惯

一些因婚变成为单亲家庭的家长,常常会为离婚给孩子带来的不幸感到内疚和尴尬。会因为自己的感情问题感到羞愧,认为自己没有给孩子一个完整的家庭,因此想尽办法来弥补孩子。由于这种心理,单亲家长往往容易溺爱孩子。在物质方面,他们会尽力满足孩子的需求,希望通过这种方式补偿孩子因父母离婚而遭受的损失。在精神方面,他们会过度保护孩子,包办孩子的一切事务,对孩子百依百顺,迁就姑息,甚至纵容、放任孩子,生怕孩子再受委屈。

这种补偿行为实际上是离异夫妇心理失衡的另一种表现形态。他们希望通过这种方式来减轻自己的内疚感,但这种溺爱方式却会对孩子的成长产生不良影响。在这种溺爱的环境,孩子更容易形成不良的品格。他们会变得自私、任性、依赖性强,缺乏独立性和责任感。他们会认为所有的需求都应该得到满足,而不愿意付出努力或承担责任。这种性格特点不仅会影响孩子的人际关系,还可能对他们未来的职业和社会生活产生负面影响。

(二)单亲家庭教育策略

1. 做好防范

在离婚前,单亲家庭的家长要特别关注自身和孩子的心理状态,因为家长的情绪和态度会直接影响到孩子的情感和成长。

家长要认识到离婚对孩子的影响是复杂的,孩子会感到失落、不安、困惑、焦虑等。家长还要特别注意自己的情绪管理,避免将不良情绪传递给孩子。面对孩子时尽量保持平静和理性,以减少对孩子心理的伤害。

有些明智的家长会采用"握手告别"的方式处理离婚,这种方式强调双方和平分手,不互相攻击或伤害。这种方式有助于减少孩子的心理压力,让他们感到被爱和安全。即使不能做到和平分手,家长也应该尽量避免在孩子面前争吵或打闹,以免给孩子带来更多的创伤。

此外,家长在选择新配偶时还要谨慎考虑,确保新的伴侣对孩子的态度和价值观与自己相似,能够共同为孩子创造一个和谐、稳定的家庭环境。

2. 坦陈事实

夫妻离异、伴侣早丧、家庭肢解等情况都会给家庭成员(包括孩子)带来思想情感、生活秩序等方面的巨大变化。为了帮助孩子逐渐适应这种变化,单亲家长需要采取一些措施与孩子进行沟通。

家长要诚实地告诉孩子父母即将离婚的事实。有些家长因为害怕孩子受到伤害而选择隐瞒,孩子往往从其他渠道得知真相,这样会让他们更加困惑和不安。因此,家长应该选择合适的时间和方式与孩子坦诚地沟通,让他们了解家庭的变化。

在告诉孩子时,家长要注意自己的态度和方式。保持平静、理性,不要用攻击或责备的语气,要根据孩子的年龄和接受能力来选择正确的表达方式。

此外,家长还要告诉孩子,尽管父母不再共同生活,但孩子依然是爸爸妈妈的孩子,这一点不会改变。这样可以减轻孩子内心的痛苦,帮助他们疏通感情上的障碍,更好地接受父母离婚的事实。

在告诉孩子之后,家长还要关注孩子的情感变化,给予他们足够的关爱和支持。可以与孩子进行深入的交流,了解他们的感受和困惑,给予他们正面的引导和帮助。同时,家长也要为孩子提供稳定的生活环境和良好的教育资源,帮助他们健康成长。

3. 宽容大度

在面对离婚这一家庭变故时,应当允许孩子与离婚的父母保持亲子关系。法律虽然解除了夫妻之间的婚约,但无法割断两代人之间的血缘关系。因此,离婚后的父母应当从大局出发,允许对方看望、亲近孩子,或者带孩子去另一方家探望,重温父爱或母爱的温暖。这样做可以弥补孩子因父母离婚而缺失的爱,减少他们的心理压力,稳定他们的情绪。

要做到这一点,父母需要具备高尚的道德情操和宽阔的胸襟。他们要从"一切为了孩子"的美好愿望出发,将孩子的利益放在首位。夫妻之间的矛盾和分歧应当是他们自己的事情,孩子是无辜的,不应该被牵扯进这些矛盾中。

4.勇挑重担

离婚夫妻的子女在法律判定归属关系后,监护、抚养、教育责任通常是明确的,但子女与父母之间的血缘关系是无法割断的。因此,即使夫妻离婚,父母仍然对子女负有教育义务。

从法律和道义的角度来看,离婚父母应该排除相互之间的戒备,为孩子的健康成长创造良好的条件。应该经常与孩子促膝谈心,了解孩子的想法和感受,成为孩子的知心朋友。

父母不应该为了个人的"幸福"而忽视对孩子的教育。他们应该勇于承担起管理家务和培养教育孩子的双重责任,努力创造一个和谐、有秩序的家庭环境,让孩子在温暖的环境中生活和学习。

此外,父母还应该取得亲友、邻里的理解和支持,共同为孩子的成长提供帮助和支持。

5.劣势变优势

事物总是一分为二的,单亲家庭虽然面临许多挑战和困难,但也并非完全不幸。在这样的家庭环境中,孩子可能会更加自强不息、奋发向上,成为生活的强者。

幼年、童年时期得到双亲的抚育有利于一个人健康成长。双亲的关爱和照顾为孩子提供了稳定的基础和安全感,然而如果一个人过分依赖双亲,缺乏自立精神,也可能会走向反面。

相反,失去亲人的孩子在单亲家庭环境中,可能会更加锻炼出顽强的意志和自强的精神。因此,单亲家庭的家长应该因势利导,培养他们的独立性和自主性。

为了实现这一目标,家长可以教孩子去做力所能及的事情,让他们通过自我服务和参加社会公益活动锻炼自己的耐性和毅力。在这个过程中,孩子逐渐克服困难、勤学苦练,与家长密切合作。

通过这样的培养,单亲家庭的孩子不仅能够学会管理自己、关心他人,还能体验到独立自主生活的乐趣。逐渐成长为有责任感、有担当的个体,用自己的努力和奋斗创造美好的未来。

五、重组家庭的家庭教育

重组家庭是由两个离婚的夫妻、丧偶的个体、未婚的个体等组成的家庭,重组原因有很多。在重组家庭,家长需要面对一些特殊的问题,如与孩子相处、建立新的家庭规则等。

（一）重组家庭家庭教育的挑战

1. 家庭成员之间的关系重建

重组家庭涉及不同背景、性格和生活习惯的家庭成员,他们需要重新建立亲密关系。这种关系重建会给家庭教育中和谐亲子关系建立与维护、孩子的家庭适应等方面带来问题,这是家庭教育要面临的挑战。

第一,不同家庭背景可能导致家庭成员在价值观、教育观念和育儿方式上存在分歧。这些差异可能导致亲子之间的沟通障碍和冲突。

第二,由于性格差异和生活习惯的不同,家庭成员之间可能难以建立有效的沟通渠道。沟通不畅可能导致误解和隔阂,影响亲子关系的和谐发展。

第三,孩子在新家庭中可能需要适应不同的情感关系,包括与继父母或其他新家庭成员的关系。这种情感适应过程可能对孩子的心理健康产生影响,需要家长特别关注。

第四,在重组家庭中,父母和其他家庭成员可能需要重新定位自己的角色和责任。这种角色调整可能导致亲子关系中的权力平衡发生变化,需要家长妥善处理。

2. 经济的压力

重组家庭通常涉及多个家庭成员,包括继父母、子女和其他依赖者,这可能导致经济负担加重。以下是一些重组家庭在经济方面可能面临的挑战：

第一，当两个家庭合并成一个重组家庭时，需要合并各自的财务，这包括合并收入、支出、资产和债务等。合并财务的过程可能复杂且敏感，需要家庭成员之间的充分沟通和协商。

第二，重组家庭中的成员可能包括没有经济能力的孩子或其他依赖者，这会增加家庭的经济负担。此外，如果继父母需要承担前配偶的债务或支付赡养费，也会对经济造成压力。

第三，重组家庭可能需要调整生活方式以适应新的经济状况。例如，可能需要改变居住地点、调整家庭预算或重新规划家庭成员的教育和职业发展等。

第四，在经济方面，家庭成员之间可能出现分歧和冲突。例如，对于如何分配家庭资源、如何管理债务或如何规划未来等方面，不同的家庭成员可能有不同的意见和需求。

3. 社会支持的不足

在多数社会中，重组家庭可能不如传统家庭那样受到广泛的接纳和理解，这可能导致家庭成员在寻求社会支持时遇到困难。以下是一些与社会支持不足相关的挑战：

第一，社会上对重组家庭往往存在偏见和误解，认为它们不如传统家庭稳定或健康。这种偏见可能导致家庭成员在社交场合中受到歧视或排斥，从而影响他们的心理健康和社会融入。

第二，尽管重组家庭面临着独特的挑战，但社会上专门针对这类家庭的支持服务可能相对较少。这可能导致家庭成员在寻求帮助时感到困惑和无助。

第三，重组家庭中的成员可能需要重新建立与亲友的关系，以适应新的家庭结构。然而，亲友可能对新家庭成员持保留态度或缺乏理解，这可能导致社会支持的减少。

（二）重组家庭教育策略

随着社会发展和人们观念转变，重组家庭越来越普遍。在这样的家庭,家长要面对一些特殊的问题,如与孩子相处、建立新的家庭规则等。因此,重组家庭的家庭教育需要更多的关注和努力。

1.关注孩子的情感需求

在重组家庭孩子会感到不安、焦虑、失落等,家长要给予他们足够的关爱和支持,帮助他们适应新的家庭环境。家长应该倾听孩子的感受和想法,了解他们的需求和期望,与孩子建立亲密的关系。同时,家长还应该鼓励孩子表达自己的情感,帮助他们学会处理情绪问题。

2.建立新的家庭规则和秩序

重组家庭家长要明确每个成员的责任和义务,与孩子一起制定家庭规则。家长应该引导孩子尊重和遵守家庭规则,培养他们的独立性和责任感。同时,家长也要根据孩子的年龄和个性特点,选择适合他们的教育方式和方法。对于年龄较小的孩子,家长要给予更多的关心和照顾;对于年龄较大的孩子,则应该培养他们的自主性和独立性。

3.处理好与前配偶的关系

重组家庭与前配偶的关系会对孩子的成长产生影响。家长应该与前配偶保持适当的沟通和合作,共同关注孩子的成长和发展。如果存在分歧和矛盾,通过协商和妥协的方式解决,确保孩子的利益得到最大程度的保护。同时,家长应该尊重孩子的意愿和选择,不强行干涉他们的生活和成长。

4.积极参与孩子的教育和成长

重组家庭家长要付出更多的精力和时间,关注孩子的学业、兴趣爱好等方面发展。家长可以与孩子一起参加各种活动,增进彼此间的感情和了解。同时,家长还应该鼓励孩子积极参加社会公益活动,培养他们的社会责任感和奉献精神。通过这些活动,孩子可以更好地融入社会,增强自信心和自我价值感。

六、收养孩子家庭的家庭教育

（一）收养孩子家庭的显著特点

1. 新的家庭关系建立

不同于血缘关系,收养是一种通过法律程序建立的家庭关系。在收养关系中,养父母和养子女之间需要重新建立亲密的关系。这种关系的建立涉及相互的适应和磨合,需要双方在情感、文化和生活习惯等方面进行沟通和理解。同时,新的家庭关系也需要得到社会的认可和法律的保护。

2. 长期承诺

收养是一种长期的承诺,需要养父母在情感、经济和法律上对养子女进行支持和照顾。这种承诺不仅是对孩子的责任,也是对社会的一种责任。养父母需要承担起照顾、培养和教育孩子的责任,需要关注孩子的心理和情感需求。这种长期承诺需要养父母具备足够的责任心和耐心,帮助孩子成长。

3. 多样性

收养家庭可以由单一的养父母和养子女构成,也可以是复杂的家庭关系,如养父母和养子女之间的关系、其他亲属之间的关系等。这种多样性可以满足不同家庭的需求,促进家庭的稳定和幸福。不同的收养家庭会有不同的背景和情况,这也影响到家庭成员的角色和责任分配。

4. 社会压力和偏见

收养子女可能会面临来自社会的压力和偏见,如对收养家庭的质疑、对孩子的身份和亲生家庭的保密等。这些压力和偏见可能会对孩子的成长产生负面影响。收养家庭要面对这些压力并寻求支持和帮助来解决问题。同时,社会也要加强对收养家庭的宣传,提高社会对收养家庭的认知和理解。

(二)收养孩子家庭教育策略

收养孩子家庭在教育方面面临着一系列的特殊挑战。由于孩子与养父母之间没有血缘关系和亲密关系,培养孩子的独立性和责任感、制定适合孩子的教育计划和目标以及关注自己的情感和心理状态等方面的工作变得尤为重要。

1. 建立亲密关系

收养孩子家庭的首要任务是建立亲密的亲子关系。由于孩子与养父母没有血缘关系,孩子会感到不安全、被忽视或孤独。因此,家长要付出更多的时间和精力与孩子建立互信关系,了解孩子的需求和情感变化,给予孩子足够的关爱和支持。家长可以积极参与孩子的生活,与孩子一起参加各种活动,增进彼此之间的感情和了解。

2. 培养独立性和责任感

收养孩子的家庭要按照正常的方式教育孩子,培养他们的独立性和责任感。家长要明确家庭规则和责任分工,让孩子知道自己在家中的位置和角色,同时也要让他们知道自己的责任和义务。家长应该鼓励孩子自主解决问题,培养他们独立思考和决策能力。同时,家长也可以通过家务劳动、社会实践等方式来培养孩子的责任感和奉献精神。

3. 制定适合的教育计划和目标

收养孩子可能已经有过不同的教育经历,家长要了解他们的教育背景和兴趣爱好,制定适合他们的教育计划和目标。家长可以根据孩子的实际情况调整教育方式和方法,注重培养孩子的综合素质和能力。同时,家长也要关注孩子的学业等方面,提供必要的支持和指导。

4. 关注情感和心理状态

收养孩子会给家长带来一定的心理压力和挑战,如对孩子的过去和未来的担忧、对家庭变化的适应等。因此,家长要关注自己的情感和心理状态,寻求合适的支持和帮助,如与亲友交流、参加家长支持团体等。同时,家长也要关注孩子的情感需求,帮助他们处理情绪问题,培养健康的心态和情感表达方式。

5. 寻求社会支持

收养孩子家庭可以寻求社会支持,如加入相关的家长团体、参与社区活动等。这些资源可以为家长提供教育孩子方面的指导和支持,也能帮助孩子更好地融入社会。通过与专业机构和社会组织的合作,获得更多的资源和支持,更好地应对孩子成长过程中的各种挑战。

第六章

构建家庭教育新范式

当今社会，家庭教育的重要性日益凸显。随着时代的变迁和社会的进步，传统的家庭教育方式已经逐渐无法满足现代家庭的需求。因此，构建家庭教育新范式成为了一个迫切的任务。

第一节　学习型家庭的构建

一、学习型家庭的概念和特点

学习型家庭是一种独特的家庭模式,强调家庭成员的终身学习,崇尚知识,并追求自我实现。这种家庭模式具有以下显著特点。

(一)终身学习

在终身学习理念下,家庭成员将学习视为一生的事业。无论年龄大小,他们都保持着对知识的渴望和对学习的热情。这样的家庭鼓励成员持续学习,不断提升自己的技能和知识水平。

学习型家庭高度重视知识,尊重知识分子。家庭成员视知识为财富,通过不断学习来丰富自己的精神世界。他们互相学习,共同成长,将知识的积累作为家庭发展的重要基石。

(二)自我实现

学习型家庭鼓励家庭成员追求个人的目标和梦想。他们认为,每个人都有自己独特的价值和潜能,而学习是实现自我价值的关键途径。家庭为他们提供支持和鼓励,使他们能够勇敢地追求自己的梦想。

(三)互动与分享

学习型家庭注重家庭成员之间的互动和知识分享,鼓励家庭成员共同参与学习活动,分享彼此的见解和知识。这种互动和分享不仅有助于形成良好的学习氛围,还能够增强家庭成员之间的情感联系。

（四）开放与多元

学习型家庭秉持开放和多元的态度,尊重不同的文化和知识领域。他们鼓励家庭成员拓宽视野,接触和了解不同的文化、思想和观念。这种多元文化的包容性有助于培养家庭成员的综合素质和跨文化交流能力。

通过以上描述可以看到,学习型家庭不仅注重知识的积累和学习能力的培养,还关注个人梦想和自我价值的实现。强调家庭成员之间的互动和分享,并积极拥抱多元文化。在这样的家庭环境下,每个家庭成员都能得到全面、自由的发展,为他们的成长和融入社会奠定坚实的基础。

二、构建学习型家庭的益处

（一）提高家庭成员素质

在终身学习理念下,家庭成员不断汲取新知识,提升自己的专业技能和综合素质。通过持续学习增强个人竞争力,更好地适应社会发展和职场需求。这种学习型家庭为家庭成员提供了成长和进步的空间,使他们不断突破自我,实现个人价值的最大化。

（二）促进情感交流

在共同学习过程中,家庭成员之间可以分享彼此的学习心得和成长感悟。这种交流不仅有助于增进家庭成员之间的了解和感情,还能够培养彼此的同理心和互助精神。通过共同学习和分享,家庭成员之间的关系更加紧密,形成了一种深厚的情感纽带。

（三）培养良好家风

学习型家庭崇尚知识、尊重文化,这种价值观会在家庭中传承下来,形成一种良好的家风。在这种家风的熏陶下,家庭成员会养成热爱学习、追求知识的习惯,为子女的成长提供积极向上的环境。这种家风对于培养后代的综合素质和社会责任感具有重要的影响。

(四)增强家庭凝聚力

在学习型家庭,家庭成员共同学习和成长,形成了共同的目标和价值观。这种共同经历和相互支持使家庭成员之间的关系更加紧密,增强了家庭的凝聚力。当家庭成员为实现共同目标而努力时,家庭关系变得更加和谐,形成了一种坚不可摧的家庭力量。

(五)提升家族社会地位

学习型家庭在社会中更容易获得认可和尊重,因为他们的努力和成就为社会树立了正面的榜样。家庭成员的学识、修养和综合素质的提升直接影响到家族的社会地位。这种正面形象和影响力有助于提升家族的声誉和社会地位,为家族的长远发展奠定坚实的基础。

三、如何构建学习型家庭

构建学习型家庭需要家庭成员共同努力,从目标设定、氛围营造、计划制定、自主学习、活动开展、思维能力培养、心理健康关注到评估与调整等方面进行全方位的投入和实践。通过这样的努力,家庭将成为孩子成长的温暖港湾和知识的摇篮,为孩子的未来奠定坚实的基础。

(一)建立共同的学习目标

家庭成员应共同制定学习目标,如提高家庭成员的阅读量、提升孩子的学习成绩等。明确的目标有助于增强学习的动力和凝聚力。

(二)营造良好的学习氛围

家庭中应有一个安静、舒适的学习空间,为孩子提供必要的学习工具和资料。家长可以定期购买书籍、订阅杂志,为家庭学习提供丰富的资源。

（三）制定合理的学习计划

家庭成员可以根据自己的实际情况,制定学习计划。这包括每天、每周、每月的学习时间安排,以及学习内容的规划。同时,要确保计划的灵活性和可调整性,以适应不同情况的变化。

（四）鼓励家庭成员自主学习

无论是家长还是孩子,都应培养自主学习的意识和能力。家长可以与孩子一起参加学习活动,如读书会、在线课程等,共同学习新知识,提高自身素质。

（五）开展家庭学习活动

家庭成员可以共同参与学习活动,如一起读书、分享读书心得、举办知识竞赛等。这些活动有助于增强家庭成员之间的互动,提高学习的趣味性。

（六）培养批判性思维和解决问题的能力

在家庭学习中,要注重培养孩子批判性思维和解决问题的能力。家长可以引导孩子分析问题、提出假设、进行论证,以及解决问题的方法,从而提升孩子的思维能力和创造力。

（七）关注心理健康

构建学习型家庭的同时,也要关注家庭成员的心理健康。家长应关注孩子的情绪变化,帮助孩子缓解学习压力,促进家庭成员的身心健康发展。

（八）定期评估与调整

定期对家庭学习情况进行评估，总结经验教训，并根据实际情况进行调整。这有助于及时发现问题，持续改进家庭学习环境和方法。

第二节　家校社协同育人机制的探索

随着社会的快速发展和教育的不断变革，家庭、学校和社会在育人过程中的角色和功能逐渐变得多元化和复杂化。传统的教育模式往往只注重学校的教育功能，忽视了家庭和社会的教育作用。然而，现代教育理念认为，在育人过程中家庭、学校和社会是相互关联、相互影响的，必须形成一个有机的教育体系。因此，探索家校社协同育人机制，对于提高教育质量、培养全面发展的人才具有重要意义，这也是家庭教育立法后的一个重要点。

一、家校社协同育人机制的理论基础

家校社协同育人机制的理论基础主要包括系统理论、生态理论和互动理论。这些理论为家校社协同育人机制的建立和发展提供了重要的指导和支撑。

（一）系统理论

该理论认为家庭、学校和社会之间存在着密切的相互关联和相互作用，是一个不可分割的整体。在这个系统中，每个部分都有其独特的功能和作用，共同影响个体的发展。

家庭是孩子成长的第一个课堂，是塑造孩子性格、品质和价值观的重要场所。家庭教育的功能在于提供情感支持和道德引导,培养孩子的自信心、责任感和独立性。在家庭中,父母通过日常生活中的互动和言传身教,帮助孩子建立正确的价值观和行为规范,形成良好的性格和品质。

学校是孩子接受系统知识和技能培训的主要场所。学校教育的功能在于传授知识、培养技能、发展智力和培养创新精神。在学校中,教师通过课堂教学、课外活动和社会实践等多种形式,引导学生发现自己的兴趣和特长,培养他们的自主学习和合作学习能力,提高综合素质。

社会是孩子成长的大课堂,是培养孩子社会适应能力和公民素养的重要环境。社会教育的功能在于提供实践机会和丰富资源,培养孩子的社会责任感和参与意识。在社会中,各种机构和组织通过志愿服务、文化交流和科普活动等形式,为孩子提供广阔的发展空间和机会,让他们在实践中学习和成长。

系统理论强调整体性和协同性,认为家庭、学校和社会应共同参与、协作配合,形成有机的教育体系。只有家庭、学校和社会三者之间建立起良好的合作关系,才能更好地促进个体的发展。通过加强沟通、资源共享和活动组织等方式,家庭、学校和社会可以共同营造一个有利于孩子全面发展的教育环境。

(二)生态理论

生态理论强调环境对个体发展的影响,认为家庭、学校和社会是构成个体成长的重要环境因素。根据生态理论,家庭、学校和社会之间存在着相互作用和影响的关系,共同构成了一个复杂的生态系统。在这个生态系统中,每个部分都有其独特的功能和作用,共同影响个体的发展。

家校社协同育人机制的核心理念是促进家庭、学校和社区之间的合作与交流,共同营造一个有利于孩子全面发展的教育环境。生态理论为这一机制提供了重要的理论支撑和实践指导。

第一,生态理论强调环境的整体性和协同性。家庭、学校和社会作为孩子成长的重要环境因素,应该相互配合、协调一致,形成有机的教育体系。只有家庭、学校和社会三者之间建立起良好的合作关系,才能更好地促进个体的发展。

第二,生态理论还强调环境的动态性和发展性。家庭、学校和社会应随着孩子的发展变化不断调整和改进教育方式和策略,以适应孩子新的发展需求。同时,家庭、学校和社会还应关注孩子的个性差异和特长发展,提供个性化的教育支持和资源,促进孩子的全面发展。

综上所述,生态理论为家校社协同育人机制提供了重要的理论基础和实践指导。通过将家庭、学校和社区有机地结合起来,共同营造一个良好的教育生态环境,我们可以更好地促进孩子的全面发展,培养出具有创新精神和实践能力的优秀人才。

（三）互动理论

互动理论强调家庭、学校和社会之间的互动关系对个体发展的重要性,这种互动关系的质量和频率直接影响到个体的成长。在育人过程中,家庭、学校和社会之间的互动是不可避免的,它们相互依赖、相互补充,形成一个完整的育人系统。

首先,家庭是个人成长的基石,是个体情感和道德发展的摇篮。家庭环境、父母的教养方式和亲子关系等都会对孩子的性格、价值观和行为习惯产生深远影响。因此,家庭与学校之间的互动是非常重要的。通过家长会、家访、电话沟通等方式,家长可以及时了解孩子在学校的表现和进步,同时也可以与教师交流教育方法和心得,共同促进孩子的成长。此外,家长也可以利用社会资源,如博物馆、图书馆、社区活动等,为孩子提供更广阔的学习和实践平台。

其次,学校是培养人才的重要场所,是个体知识和技能学习的殿堂。学校不仅需要传授知识,更要注重学生的品德培养和全面发展。为了更好地培养学生的综合素质,学校需要与社会建立紧密的联系。例如,学校可以邀请社会各界的专业人士来校进行讲座,让学生了解不同领域的知识和技能;学校也可以组织学生参加社区服务、志愿者活动或实地考察,让学生接触社会、了解社会并为社会做出贡献。

最后,社会是个人成长的大舞台,是个体将所学知识和技能应用于实践的场所。社会各界应该关注青少年的成长和教育问题,为他们提供丰富的实践机会和健康的成长环境。例如,企业可以与学校合作,为学生提供实习机会或职业培训;政府可以加大对校外教育的投入,如建设科技馆、图书馆、青少年宫等设施,为青少年提供更广阔的学习空间。

综上所述,家庭、学校和社会之间的互动关系对个体发展起着关键作用。在育人过程中,三者之间的互动是不可避免的,它们相互补充、相互促进,形成一个完整的育人系统。为了更好地促进个体的发展,家庭、学校和社会需要建立起良好的互动关系,加强彼此之间的交流与合作,共同为个体的全面发展提供有力支持。

二、家校社协同育人机制的原则

家校社协同育人机制的原则主要包括以下几方面(图6-1)。

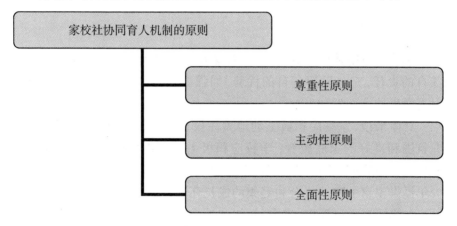

图 6-1　家校社协同育人机制的原则

(一)尊重性原则

为了确保家庭、学校和社会教育三方能够顺利进行协作,首先需要建立在相互尊重的基础之上。因为只有相互尊重才能够建立起信任和良好的合作关系,共同为孩子的成长提供支持。

相互尊重意味着要彼此尊重对方的独立性。家庭、学校和社会是三个独立的实体,各自有着自己的职责和功能。在协作过程中,各方应该保持自己的独立性,充分发挥自己的优势和特点,共同为孩子的成长提供全面的支持。

相互尊重还应该包括尊重对方的内在运行规律。家庭、学校和社会都有自己的运行规律和特点,协作过程中应该充分了解和尊重对方的运行规律,避免干涉和影响对方的工作,应该相互支持和配合形成良好的合作关系。

没有尊重,所有的协作只能是口号或者是强硬制度的执行。因此,要做到尊重就需要理解和宽容。理解是建立在相互了解的基础之上,需要各方积极了解对方的工作和情况,充分认识和理解对方的立场和观点,而宽容则是建立在理解和包容的基础之上,需要各方在面对分歧和不同意见时能够保持冷静和理性,以建设性的方式解决问题,而不是情绪化的冲突和对抗。

(二)主动性原则

主动性原则强调家庭、学校和社会在育人过程中应积极主动地承担各自的责任,充分发挥各自的优势,加强相互之间的合作与配合,共同促进学生的全面发展。

具体来说,家庭应积极主动地关注孩子的成长需求,提供温暖的家庭氛围和良好的家庭教育;学校应积极主动地提供优质的教育资源和教育服务,培养学生的综合素质和社会责任感;社会应积极主动地为青少年提供丰富的实践机会和健康的成长环境,支持家庭和学校的工作。

在协同育人过程中,家庭、学校和社会应注重沟通与协调,及时解决出现的问题,共同为学生创造一个良好的成长环境。同时,各方应保持相对独立性,发挥各自的优势和特色,避免相互替代或越俎代庖的情况发生。

(三)全面性原则

全面性原则也是家校社协同育人机制的重要原则之一。这一原则强调家庭、学校和社会在育人过程中应全面参与、全面协作,共同促进学生的全面发展。

首先,在协作过程中家庭、学校和社会需要关注协作内容的全面性。既然协作的总体目标是促进未成年人的健康成长,那么就需要了解受教育者全方位的发展需求,并进行全面的协作。

具体来说,学校和家庭的协作不应该仅仅局限于应试教育的协作,甚至不应仅仅局限于学习的协作,而应该更加关注孩子的全面发展,包括德育、美育、体育以及劳动教育等方面的协调发展。只有这样,才能真正实现教育的全面性和综合性,促进孩子的全面发展。

同时,在协作过程中家庭和学校还要注重长远的发展目标,而不仅仅是眼前的利益。如果只注重眼前利益而忽视孩子可持续发展的目标,那么最终可能会受到规律的惩罚。因此,家庭和学校要共同制定长远的发展计划和目标,注重培养孩子的综合素质和可持续发展能力,为孩子的未来发展打下坚实的基础。

其次,在协作过程中家庭、学校和社会要注重协作方式的多元性。为了提高协作的水平和效率,各方所采取的协作方式不应该仅仅局限于传统的开会、访问等僵化的形式。相反,应该与时俱进地运用多种喜闻乐见的方式,使协作更易于被各方所接受。

随着科技的发展和社会的进步,人们的生活方式和沟通方式也在不断变化。因此,家庭、学校和社会应该根据实际情况和需要,采用更加灵活、多样的协作方式。例如,可以通过互联网平台进行在线协作、通过社交媒体进行互动交流、通过各种活动和项目进行实践合作等。这些多样化的协作方式可以使各方更加积极参与和投入,提高协作的效果和质量。

同时,在选择协作方式时还要考虑各方的特点和需求。不同的家庭、学校和社会机构有不同的协作需求和条件,要根据实际情况进行选择和调整。只有选择最适合的方式,才能使协作更加顺畅、高效,达到更好的效果。

三、家校社协同育人机制的实践探索

为了实现家校社协同育人,需要从以下几个方面进行实践探索。

（一）建立有效的沟通机制

为了确保家庭、学校和社会之间的有效协作,建立有效的沟通机制是至关重要的。通过及时交流学生的情况,共同解决学生在成长过程中遇到的问题,关注学生的成长。这种沟通机制有助于增进彼此之间的了解和信任,促进信息共享和经验交流。

具体来说,家庭、学校和社会可以通过多种方式建立有效的沟通机

制。首先,定期召开家长会是一个很好的方式。在家长会上,教师向家长汇报学生的学习情况、表现和进步,同时听取家长的意见和建议,加强双方间的沟通。此外,教师还可以通过家访的方式深入了解学生的家庭情况、成长环境和家庭教育的特点,更好地指导学生和家长。

其次,学校可以组织各种社区活动,邀请家长和社区成员参加。通过社区活动,学校向家长和社区成员展示自己的教育理念和教育成果,同时了解家长和社区成员的需求和期望,促进彼此之间的合作和交流。此外,社区也可以为学校提供各种资源和支持,如志愿者服务、教育资源等,促进学校的发展和学生成长。

总之,建立有效的沟通机制是家庭、学校和社会协作育人的关键。通过及时交流、定期沟通和组织各种活动,家庭、学校和社会可以更好地了解彼此的需求和期望,促进信息共享和经验交流。这种沟通机制有助于形成良好的教育生态环境,为学生的健康成长提供更好的支持和保障。

(二)发挥各自优势

家庭、学校和社会在教育活动中应充分发挥各自的优势,共同参与,形成教育合力。家庭是学生成长的第一个课堂,可以提供情感支持和道德引导,帮助学生树立正确的价值观和行为规范。学校是学生接受系统知识和技能培训的主要场所,可以提供系统的知识和技能培训,以及各种形式的智育、德育和美育等方面的教育,而社会则是学生成长的大课堂,可以提供实践机会和丰富资源。

在教育活动中,家庭、学校和社会的优势互补是非常重要的。通过合理利用各方资源,可以实现优势互补,为学生提供更加全面和个性化的教育服务。家庭可以与学校合作共同开展一些教育活动,如亲子活动、家庭教育讲座等,促进家庭教育和学校教育的有机结合。同时,学校也可以与社区合作,利用社区资源开展各种实践活动和文化活动,如志愿服务、社会调查等,为学生提供更加丰富的实践经验和学习机会。

此外,家庭、学校和社会也可以通过共享资源和信息,实现优势互补。家庭和学校可以共享学生的学习情况和表现,学校和社会可以共享教育资源和信息,促进教育资源的合理配置和有效利用。

（三）创新教育方式

家庭、学校和社会应该不断创新教育方式,采用多种形式的教育活动来激发学生的学习兴趣和创造力。通过多样化的教育方式和资源,帮助学生更好地发掘潜力和特长,培养他们的综合素质和能力,为未来的发展打下坚实的基础。

首先,家庭是孩子成长的第一个课堂,家长可以采用多种方式来激发孩子的学习兴趣。例如,家长可以与孩子一起读书、探索新事物、参加社区活动等,通过互动和体验来培养孩子的观察力、思考力和行动力。此外,家长还可以鼓励孩子尝试不同的兴趣爱好,如音乐、绘画、体育等,帮助孩子发现自己的潜力和特长。

其次,学校作为专门的教育机构,应该采用更为系统和科学的教育方式。除了传统的课堂教学外,学校还可以开展各种课外活动、社团组织和实践活动等,让学生有机会展示自己的才华和技能。此外,学校可以邀请社会各界的专业人士来校进行讲座,让学生了解不同领域的知识和技能,开阔他们的视野和思维方式。

最后,社会也应该提供丰富的教育资源和机会,以满足不同学生的需求。例如,图书馆、博物馆、科技馆等公共文化机构可以举办各种展览、讲座和活动,吸引学生参与其中;企业可以提供实习机会或职业培训,帮助学生了解职场和未来职业发展方向;社区可以组织志愿者活动或社会实践项目,培养学生的社会责任感和团队合作能力。

（四）完善政策支持

政府在家庭、学校和社会协同育人中扮演着重要的角色。为了更好地促进这一机制的建立和发展,政府应该出台相关政策,提供支持和引导。

第一,政府要制定家庭教育指导大纲,为家长提供科学、系统的家庭教育知识和方法。这有助于提高家长的教育水平和能力,促进家庭与学校的有效合作。

第二,政府要加大对学校和社区教育资源的投入,提高教育质量和水平。这包括提供更多的教育经费、改善学校设施、引进优秀的教师资源等。通过提升学校和社区的教育能力,可以更好地满足学生的教育需求,促进其全面发展。

第三,政府要提供家庭教育咨询服务,为家长提供专业的指导和支持。这可以帮助家长解决教育过程中遇到的问题和困惑,提高家庭教育的效果和质量。

政策的支持和引导不仅有助于形成良好的社会氛围和教育环境,还可以激发家庭、学校和社会的积极性,推动协同育人机制的创新和发展。同时,政府还应该加强对政策执行情况的监督和评估,确保政策的有效性和可持续性。

第三节　家庭教育指导师培养

家庭教育指导师是专门从事家庭教育指导的职业,具备专业的知识和技能,能够为家庭提供全方位的教育指导和支持。鉴于目前的教育现状,为了培养出优秀的家庭教育指导师,建议高等师范院校设置家庭教育专业培养专业的家庭教育指导师;或在高等院校相关师范专业比如学前教育、小学教育和教育学等专业中选拔愿意从事家庭教育工作的学生,进行第二学位学习或者家庭教育指导师培训。这些培养和培训合格的学生考核合格后颁发相应的证书,毕业后可以从事家庭教育指导工作。另外,也可以选择中小学有教育经验并愿意从事家庭教育工作的教师到师范学校深造学习,获得相应的学习经历与资格,培养合格的家庭教育指导师。所有这些措施都需要高等师范院校参与和努力,具体做法如下。

一、设置专业课程

家庭教育指导师的课程设置应广泛而深入,确保学生能够掌握多方面的知识和技能。除了教育学、心理学和社会学等基础学科外,还应包括实践性和应用性强的内容,如家庭教育理论、家庭教育实践、儿童发展心理学和家庭沟通技巧等。这些内容将帮助学生更好地理解家庭教育的本质和重要性,掌握实际操作技巧,提高解决实际问题的能力。

家庭教育理论方面,学生应了解家庭教育的概念、历史和发展趋势,掌握家庭教育的基本原则和方法。家庭教育实践方面,学生应通过模拟家庭场景、角色扮演等方式进行实际操作和演练,提高解决实际问题的能力。

儿童发展心理学是家庭教育指导师必须掌握的重要知识之一。通过学习儿童发展心理学,学生更好地理解儿童的身心发展规律和特点,掌握与儿童沟通和教育的技巧,更好地促进儿童的健康成长。

家庭沟通技巧也是家庭教育指导师必备的技能之一,有效的沟通是建立和谐家庭关系的关键。学生应学习如何与不同年龄、性格和背景的人进行有效沟通,掌握倾听、表达和解决冲突的技巧,以促进家庭成员之间的相互理解和支持。

为了确保学生全面掌握家庭教育的知识和技能,课程设置应注重理论和实践相结合,提供充足的实践机会和案例分析,使学生能够将所学知识运用到实际生活中,做到学以致用。同时,家庭教育指导师的课程设置还应与时俱进,不断更新和完善课程内容,以适应家庭教育的不断发展和变化。

二、积累实践经验

家庭教育指导师这一职业不仅需要扎实的理论知识,更需要丰富的实践经验。因此,课程设置中应充分考虑实践环节的重要性,为学生提供多种形式的实践机会。

实习是一种非常重要的实践方式。学校可以与当地的家庭教育机构或社区合作,安排学生在实际的工作环境中进行实习。通过实习,学生可以亲身参与到家庭教育的实践中,观察和体验实际的工作流程,了解家庭教育指导的实际需求和挑战。同时,他们还可以将在学校学到的理论知识运用到实践中,提升自己的实际操作能力。

除了实习,学校还可以为学生提供实践项目。这些项目可以模拟真实的家庭教育情境,让学生以项目负责人的身份,组织并实施一系列的家庭教育活动。通过这种方式,学生可以在实践中锻炼自己的组织协调能力、沟通能力和解决问题的能力。

三、培训与认证

家庭教育指导师的培训和认证对其专业发展具有至关重要的作用。通过培训和认证,学生不仅能够获得专业知识和技能,还可以获得行业的认可和资格,提高其在家庭教育领域的职业竞争力。

学校可以与相关机构合作,为学生提供培训和认证的机会。这些机构通常具有丰富的培训资源和经验,能够为学生提供系统、全面的培训课程,涵盖家庭教育理论、实践技巧、沟通技巧等多个方面。通过培训,学生可以深入了解家庭教育的理念和方法,掌握家庭教育指导的技能和工具,为未来的职业发展打下坚实的基础。

除了培训,认证也是家庭教育指导师专业发展的重要一环。认证机构会对学生的专业知识、技能和实践经验进行评估和认证,确保其具备从事家庭教育指导的资格和能力。获得认证的学生将在求职过程中更具竞争力,同时也能够获得家长和社会的信任和认可。

四、师资队伍建设

优秀的师资队伍是培养出优秀家庭教育指导师的重要基石。为了确保学生能够接受到高质量的教育,学校应该采取一系列措施来建设一支专业、经验丰富的教师团队。

首先,学校应该聘请那些在家庭教育领域具有丰富经验和专业背景的教师授课。这些教师不仅应具备扎实的专业知识和技能,还应有实际的工作经验,能够将理论知识与实际经验相结合,为学生提供有深度的教学内容。

其次,学校应加强对教师的培训和管理,以提高教师的教学水平和专业素养。定期为教师提供专业培训、研讨会和进修课程,使其能够不断更新自己的知识和技能,保持与行业发展的同步。

此外,学校还可以设立教师评价和激励机制,鼓励教师不断提高教学质量和水平。通过评价机制,学校可以了解教师的教学效果和学生的反馈,为教师提供有针对性的改进建议。同时,激励机制可以激发教师的教学积极性和创新精神,推动教师团队的整体发展。

学校还可以鼓励教师参与家庭教育实践项目,积累实际经验,提高其解决实际问题的能力。通过参与实践项目,教师可以将所学知识运用到实际情境中,加深对家庭教育的理解,从而更好地指导学生。

五、教学与科研结合

教学与科研是高等教育的两大核心,两者相辅相成,共同推动学校的发展。对于家庭教育指导师的培养而言,教学与科研的结合更是至关重要。

首先,通过开展科学研究,教师可以不断更新和深化对家庭教育理论和实践的理解。科学研究是探索未知、创新知识的过程,教师通过参与科研项目,可以接触到最新的学术成果和研究动态,从而将这些新知识、新理念及时融入教学中。这样不仅可以确保教学内容的前沿性和实用性,还可以提高教学质量和水平。

其次,科研项目还可以为学生提供更广阔的学术视野和实践机会。学生可以参与到教师的科研项目中,通过实际的研究工作,加深对理论知识的理解,培养独立思考和解决问题的能力。同时,学生还有机会接触到家庭教育领域的专家学者,通过与他们的交流和学习,拓宽自己的学术视野。

此外,学校还可以鼓励教师将科研成果转化为教学资源,如编写教材、开设新课程等。这样不仅可以丰富教学内容,还可以提高学生的学习兴趣和积极性。

为了更好地促进教学与科研的结合,学校可以采取一系列措施。例如,设立科研奖励机制,鼓励教师开展科研活动;加强与家庭教育机构、社区的合作,共同开展研究项目;为学生提供参与科研的机会,培养其科研意识和能力等。

六、加强合作与交流

为了更好地培养优秀的家庭教育指导师,学校应该加强与政府、企业、社区等机构的合作与交流。通过与这些机构的合作,学校可以获得更多的资源和支持,共同推进家庭教育指导师的培养工作。

与政府合作,学校可以了解政府在家庭教育领域的政策和规划,参与制定相关标准、培训项目和认证制度等。这样可以确保学校的教育内容与政府的要求相一致,为学生的就业和发展提供更好的保障。

与企业合作,学校可以了解市场需求和行业动态,掌握最新的技术和趋势。通过与企业合作,学校可以为学生提供实习和就业机会,帮助学生积累实际工作经验。同时,学校也可以从企业那里获得资金和技术支持,推动科研成果的转化和应用。

与社区合作,学校可以深入了解家庭教育的实际需求和挑战,为社区提供有针对性的培训和咨询服务。通过与社区的合作,学校可以扩大自己的影响力,提高社会对家庭教育指导师职业的认知度和认可度。

除了合作,交流也是非常重要的。通过与其他学校、机构之间的交流和合作,学校可以共享教育资源、教学方法和经验等,促进彼此之间的共同进步。这种交流还可以促进学术研究的合作和共同发展,推动家庭教育指导领域的知识创新和技术进步。

综上所述,加强与政府、企业、社区等机构的合作与交流,对于培养优秀的家庭教育指导师具有重要意义。通过合作与交流,学校可以更好地了解市场需求和行业动态,及时调整人才培养方案,提高人才培养质量。同时,合作与交流也可以为学生提供更多的就业机会和发展空间,为家庭教育领域的发展做出更大的贡献。

参考文献

[1] 李希贵.家庭教育指南 [M].北京：新星出版社,2022.

[2] 边玉芳.家庭教育实操手册 [M].北京：北京师范大学出版社,2023.

[3] 姚一敏,詹小玲.家庭教育心理咨询师手记 [M].北京：中国纺织出版社,2023.

[4] 张丽娟.家庭教育学 [M].北京：中国海关出版社,2008.

[5] 邓佐君,中国教学学会教育学研究会.家庭教育学 [M].福州：福建教育出版社,1995.

[6] 叶立群,邓佐君,陈信泰,等.家庭教育学 [M].福州：福建教育出版社,2013.

[7] 吴航.家庭教育学基础 [M].武汉：华中师范大学出版社,2010.

[8] 李天燕.家庭教育学 [M].上海：复旦大学出版社,2007.

[9] 张永泽.家庭教育与子女健康成长研究 [M].秦皇岛：燕山大学出版社,2021.

[10] 彭德华.家庭教育新概念 [M].兰州：甘肃教育出版社,2001.

[11] 彭立荣.家庭教育学 [M].南京：江苏教育出版社,1993.

[12] 黄河清.家庭教育学 [M].上海：华东师范大学出版社,2014.

[13] 丁俊兰.现代家庭教育的理论及发展展望 [M].昆明：云南美术出版社,2018.

[14] 关颖.家庭教育社会学 [M].天津：教育科学出版社,2014.

[15] 庞海波.家庭教育心理学 [M].广州：暨南大学出版社,2011

[16] 赵忠心.家庭教育学：教育子女的科学与艺术(第 3 版)[M].北京：人民教育出版社,2017.

[17] 张晶.父母教育与儿童发展 [M].沈阳：辽宁教育出版社,2017.

[18] 周宗奎.儿童心理与教育实用百科[M].武汉：湖北少年儿童出版社,2003.

[19] 于冬青.学前儿童家庭教育[M].长春：东北师范大学出版社,2012.

[20] 王希永,瑞博.家庭心理教育艺术[M].北京：开明出版社,2000.

[21] 沈佩琪,张丽微.学前儿童家庭与社区教育[M].长春：吉林大学出版社,2017.

[22] 赵刚.家长教育学(第2版)[M].北京：教育科学出版社,2022.

[23] 丁新萌,尚燕杉,朱苑玲.青少年家庭社会化与礼仪教育新概念[M].拉萨：西藏人民出版社,2001.

[24] 丁新萌,尚燕彬,朱苑玲.21世纪创新学生家庭健康教育新概念[M].通辽：内蒙古少年儿童出版社,2000.

[25] 顾晓鸣.家庭教育指导师培训教程[M].北京：中国海洋大学出版社,2008.

[26] 魏晨明,曲振国.今天 我们如何做父母[M].北京：中国社会科学出版社,2016.

[27] 唐湘旗.新世纪家教经典[M].北京：中国青年出版社,2009.

[28] 武宏伟.为孩子立榜样[M].深圳：海天出版社,2019.

[29] 卢志丹.成功教子的46个关键点[M].北京：中国言实出版社,2007.

[30] 何俊华,马东平.家庭教育学[M].北京：清华大学出版社,2017.

[31] 孙俊三,邓身先,吴建辉,黄锐.家庭教育学基础[M].北京：教育科学出版社,1991.

[32]《儿童家庭教育系列家长手册》编写组.家庭教育工作教师指导手册[M].北京：中国人民大学出版社,2016.

[33] 赵忠心.家庭教育学[M].哈尔滨：黑龙江少年儿童出版社,1988.

[34] 江琴娣.特殊儿童家庭教育[M].上海：华东师范大学出版社,2015.

[35] 吴奇程,袁元.家庭教育学(第2版)[M].广州：广东高等教育出版社,2006.

[36] 李子豪.中国家庭教育读本 [M].北京：中国人口出版社,2009.

[37] 缪建东.家庭教育学(第 2 版)[M].北京：高等教育出版社,2015.

[38] 中科院心理所沟通研究中心.家庭教育手册 [M].北京：科学出版社,2017.

[39] 彭德华.现代家庭教育学 [M].兰州：甘肃教育出版社,1990.

[40] 潘民.家庭教育基本要素的实践考察与边界探析 [J].德州学院学报,2024,40（01）.

[41] 刘庆昌.理解家庭教育之难 [J].教育发展研究,2023,（20）.

[42] 王梅雾,张晓峰.我国家庭教育专业化的知识生产及审视：知识社会学视角 [J].教育学术月刊,2023,（09）.

[43] 王乐.观念与行动之间：新时代我国家庭教育发展的机遇、挑战与展望 [J].当代青年研究,2023,（04）.

[44] 王茜,吴重涵.现代家庭教育知识生产：从原理到实践的体系 [J].教育研究,2023,44（12）.

[45] 冯颜利,曾咏.用习近平新时代中国特色社会主义思想的世界观和方法论指导家庭家教家风建设 [J].教学与研究,2023,（07）.

[46] 季瑾,刘小溶,梁思绮.陈鹤琴家庭教育思想对当下特殊儿童家庭教育的启示 [J].现代特殊教育,2023,（24）.

[47] 柳森.让家庭教育在"筑基"中前行 [N].解放日报,2024-01-08（011）.

[48] 刘彤.推进学校家庭社会协同育人机制长效发展 [N].人民政协报,2024-01-17（009）.